Tex-Mek: Një Udhë... nëpër Shijet Jugperëndimore

100 RECETA TEX-MEX TË FRESHTA DHE AUTENTIKE

Vera Toska

Materiali për të drejtat e autorit ©202 3

Të gjitha të drejtat e rezervuara

Pa pëlqimin e duhur me shkrim të botuesit dhe pronarit të së drejtës së autorit, ky libër nuk mund të përdoret ose shpërndahet në asnjë mënyrë, formë ose formë, përveç citimeve të shkurtra të përdorura në një përmbledhje. Ky libër nuk duhet të konsiderohet si zëvendësim i këshillave mjekësore, ligjore ose të tjera profesionale.

TABELA E PËRMBAJTJES

TABELA E PËRMBAJTJES..3
PREZANTIMI..7
SNACKS..9
1. Patate të ëmbla të pjekura me hudhër..................10
2. Lulelakra e pjekur...12
3. Karota të pjekura..14
4. Pjatë anësore me pozole.....................................16
5. Kaktus me gjemba të pjekur në skarë..................18
6. Çiles Anchos Rellenos...20
7. Patate të pjekura me rozmarinë me fasule të zeza..23
8. Omëletë delli me mish viçi...................................26
9. Simite me oriz..29
KURS KRYESOR...31
10. Pulë në salcë bajame..32
11. merluc au gratin...35
12. Fasule meksikane...38
13. Peshk i skuqur me salcë....................................40
14. Çomlek viçi..43
15. Supë me fasule të zezë meksikane....................46
16. Caldo gallego meksikane..................................48
17. Bizele meksikane...51
18. Pulë meksikane me oriz....................................54
19. Mish derri dhe fasule meksikane.......................57
20. Fasule të kuqe meksikane dhe oriz....................59
21. Oriz meksikan me pulë.....................................61
22. Oriz meksikan me bizele pëllumbash.................64
23. gjeldeti meksikan...67
24. Asopado meksikane ushqim deti.......................69
25. Chorizo vegan e bërë në shtëpi.........................72
26. Makarona kremoze Chipotle..............................75
27. Jackfruit Vegan Pozole Rojo..............................77
28. Supë meksikane 'Meatball'................................80

29. Chilaquiles nishan me zarzavate dhe fasule..........83
30. Torta Ahogada................86
31. Fasule meksikane kauboj................89
32. Oriz kafe meksikan................92
33. Arroz a la Mexicana................95
34. Oriz shafran................98
35. Arroz Huerfano................101
36. Frijoles de Olla (fasule në tenxhere)................103
37. Charro ose fasule të dehura................105
38. Frijoles Refritos (fasule të skuqura)................107
39. Fasule të stilit Santa Maria................109
RAJAS................111
40. Sined Rajas................112
41. Rajas të karamelizuar................114
42. Rajas piper zile................116
43. Rajas kremoze................118
44. Rajas dhe kërpudha................120
TACOS................122
45. Rajas con Crema Tacos................123
46. Tacos Tinga me patate të ëmbla dhe karrota......125
47. Patate dhe Chorizo tacos................128
48. Tacos Calabacitas verore................130
49. Tacos me kungulleshka pikante dhe fasule të zeza
................132
50. Taco viçi në stilin e buallit................135
51. Mbështjellje taco viçi................137
52. Taco viçi të pjekur në skarë të stilit Carnitas......139
53. Torta të vogla taco viçi................143
54. Një tenxhere taco djathë................147
55. Skirt biftek rrugë tacos................150
SUPPA DHE SALALATA................153
56. Sopa Tarasca................154
57. Supë me fasule të zezë................157

58. Supë e stilit Tlapan 160
59. Supë Puebla 163
60. Sallatë me patate 166
61. Sallatë e prodhuesit të tekilës 169
62. Ensalada de col 171
Tostadas 173
63. Tostada bazë 174
64. Gorditas me patate 176
65. Tostada me mish viçi 179
66. Tostada e pulës Chipotle 182
67. Akullore me qumësht kokosi tostada sundae 185
68. Tostada me karkaleca me guacamole 187
ËSHTIRËS 190
69. Flan de queso 191
70. Bukë mishi meksikan 193
71. E shtënë paleta shalqi 195
72. Carlota de Limon 197
73. Slushie mango dhe chamoy 199
74. Mousse de çokollatë 202
75. Banane dhe Mandarin me salcë vanilje 204
76. Sorbete de Xhamajka 206
77. Mango të pjekura në skarë 208
78. Puding i shpejtë me fruta 211
79. Banane të pjekura në skarë në salcë kokosi 213
80. Sherbeti i mangos 215
81. Flan 217
KUSHTET 220
82. Salcë e cilantro 221
83. Pluhur adobo meksikan 223
84. Sofrito jeshile meksikane 225
85. Fërkim derri i stilit meksikan 227
86. Dip perimesh 229
87. Vallarta dip 231

88. Erëza tako..233
89. Salsa e freskët me domate me misër.....................235
90. Fasule e bardhë Guacamole.................................237
PIJE...239
91. Smoothie me kaktus me pak kalori.......................240
92. Atole..242
93. Champurrado..244
94. Aguas Frescas...246
95. Horchata de Melón..248
96. Sangrita...250
97. Vezë kokosi..252
98. Vetë vezë meksikane..254
99. Mojito meksikane..257
100. Kapuçino me rum meksikan................................260
PËRFUNDIM...262

PREZANTIMI

Mirë se vini në "Tex-Meks cëcëritës: Një Udhëtim Kulinar përmes Shijeve Jugperëndimore"! Ky libër gatimi ju fton të filloni një aventurë emocionuese gastronomike, duke eksploruar botën e gjallë dhe magjepsëse të kuzhinës Tex-Mex. Me shkrirjen e shijeve nga Teksasi dhe Meksika, ky stil unik i kuzhinës bashkon më të mirat e të dy botëve, duke rezultuar në një përzierje të shijshme të pjatave me tym, pikante dhe të shijshme që do të kënaqin shijet tuaja.

Në këtë libër gatimi, ne do t'ju çojmë në një turne kulinarie në Tex-Mex, duke shfaqur një shumëllojshmëri të gjerë recetash që pasqyrojnë trashëgiminë e pasur kulturore dhe traditat e kuzhinës të Amerikës Jugperëndimore. Pavarësisht nëse jeni një kuzhinier me përvojë ose fillestar në kuzhinë, ky libër ka diçka për të gjithë. Nga specat djegës të përzemërt dhe fajitat e ndezura deri te enchiladat dhe salsa të shijshme, secila recetë është krijuar me kujdes për të siguruar autenticitet dhe shije.

Përgjatë faqeve të "Tex-Meks cëcëritës", ne jo vetëm që do t'ju ofrojmë udhëzime hap pas hapi për krijimin e pjatave të shijshme, por gjithashtu do të ndajmë histori dhe njohuri interesante mbi origjinën dhe ndikimet pas kësaj kuzhine të dashur. Do të zbuloni përbërësit kryesorë që përcaktojnë Tex-Mex, do të mësoni rreth teknikave të përdorura për të arritur ato shije të guximshme dhe do të merrni këshilla të vlefshme për personalizimin e recetave sipas preferencave tuaja.

Pra, kapni përparësen tuaj dhe bëhuni gati për të sjellë frymën e Jugperëndimit në kuzhinën tuaj. Nëse jeni duke organizuar një mbledhje festive, duke përgatitur një darkë të javës ose thjesht dëshironi të shijoni kuzhinën e zjarrtë dhe me shije Tex-Mex, ky libër gatimi do të jetë shoqëruesi juaj i besuar. Lërini aromat e qimnonit, specave djegës dhe cilantros së freskët të mbushin shtëpinë tuaj ndërsa zhyteni në thesaret e kuzhinës të "Tex-Meks cëcëritës" dhe nisni një udhëtim me kënaqësi kulinare.

SNACKS

1. Patate të ëmbla të pjekura me hudhër

4 porcione

Përbërësit
- 1-1/2 paund patate të ëmbla të paqëruara, të prera në copa 1/2 inç
- 12 thelpinj hudhër, të qëruara dhe të prera në gjysmë
- 1 lugë gjelle vaj ulliri ekstra të virgjër
- 1-2 lugë gjelle Serrano ose jalapeño chile të grirë
3/4 lugë çaji trumzë të thatë 1/2 lugë çaji kripë kosher
- 1/2 lugë çaji piper

Drejtimet
a) Ngrohni furrën dhe tiganin tuaj. Vendosni një tigan 12 inç të papërshkueshëm nga furra ose një tavë mjaft të madhe për të mbajtur patatet në një shtresë të vetme në furrë, kthejeni nxehtësinë në 375°F dhe ngrohni tiganin për 30 minuta.
b) Përziejini përbërësit. Ndërsa tigani po nxehet, bashkoni të gjithë përbërësit në një tas.
c) Pjekim patatet. Hiqeni tiganin e nxehur nga furra dhe shpërndani menjëherë në mënyrë të barabartë përbërësit e përzier. Vendoseni tiganin në furrë dhe piqini patatet për 45 minuta, duke i trazuar çdo 15 minuta në mënyrë që të piqen në mënyrë të barabartë.

2. Lulelakra e pjekur

4 porcione

Përbërësit
- 1 kokë shumë e madhe lulelakër (rreth 1 paund 6 ons pas prerjes), e prerë në lule lulesh 1-3 inç në diametër
- 1-1/2 lugë vaj ulliri ekstra të virgjër
- Piper i zi i freskët i bluar, për shije
- 8 thelpinj hudhër, të prera në mënyrë të trashë
- 2 lugë djathë dhie, ose zëvendësues i parmixhanit

Drejtimet
a) Ngrohni furrën tuaj në 375°F.
b) Përgatisni dhe skuqni lulelakrën. Renditni luleshtrydhet në një enë pjekjeje që do t'i vendosë në një shtresë, me bishtat nga lart.
c) Shtoni vajin e ullirit, piperin dhe gjysmën e hudhrës dhe bukën e thekur. Pjekim për 25 minuta.
d) Nëse lulelakra është skuqur në fund, kthejeni në mënyrë që ana e skuqur të jetë lart. Nëse nuk është ende kafe në fund, vazhdoni të piqni derisa të jetë, pastaj kthejeni dhe shtoni hudhrën e mbetur. Uleni nxehtësinë në 350°F dhe vazhdoni pjekjen derisa lulelakra të jetë e butë dhe të skuqet mirë, 20-25 minuta, ose gjithsej 45-55 minuta.
e) Përfundoni pjatën. Kur lulelakra të jetë zbutur dhe të marrë ngjyrë kafe të artë, hiqeni nga furra dhe spërkateni menjëherë djathin.

3. Karota të pjekura

4 porcione

Përbërësit
- 1-1/2 kile karota, të qëruara dhe të prera në copa
- 6 thelpinj hudhra, të qëruara dhe të grira
- 1-1/2 lugë vaj ulliri ekstra të virgjër
- 1/4 e lugës së madhe trumzë të thatë
- Piper i zi i freskët i bluar, për shije
- 1/4 e lugës së vogël kripë

Drejtimet
a) Ngrohni furrën tuaj në 400°F.
b) Vendosni karotat në një tigan hekuri 12 inç ose në një enë pjekjeje mjaft të madhe për t'i mbajtur ato në një shtresë të vetme. Përziejini përbërësit e mbetur, mbulojeni tiganin fort me fletë metalike dhe piqini për 30 minuta. Hiqni letrën dhe vazhdoni pjekjen për 20 minuta.
c) Përziejini dhe piqini edhe 5-10 minuta të tjera, ose derisa karotat të jenë skuqur mirë.

4. Pjatë anësore me pozole

Rreth 10 porcione

Përbërësit
- 1-1/2 filxhan hominy të tharë
- 1/2 filxhan qepë të copëtuara
- 1/2 filxhan djegës të pjekur, të qëruar dhe të copëtuar të freskët jeshil New Mexico, Anaheim ose Poblano
- 1 lugë çaji gjethe rigoni të thata
- 1/4 filxhan domate të copëtuar
- 3/4 lugë çaji kripë
- 1/2 lugë çaji piper i zi i sapo bluar

Drejtimet
a) Thith hominy. Një ditë para se të planifikoni të shërbeni Pozolen, vendoseni hominin në një tas, mbulojeni me disa centimetra ujë dhe lëreni të zhytet në temperaturën e dhomës për 24 orë.
b) Gatuani Pozolin. Kullojeni hominin dhe hidhni ujin e njomur. Shpëlajeni hominin, vendoseni në një tenxhere dhe mbulojeni me 2 centimetra ujë. Lërini të ziejnë, shtoni përbërësit e mbetur dhe ziejini, pjesërisht të mbuluara, derisa kokrrat të jenë al dente dhe të duken gati të shpërthejnë, rreth 2-2-1/2 orë.
c) Zbuloni tenxheren dhe vazhdoni zierjen derisa pothuajse i gjithë lëngu të ketë avulluar.

5. Kaktus me gjemba të pjekur në skarë

4 porcione

Përbërësit
- 4 lopata me gjemba të mesme por të holla Kripë
- llak gatimi

Drejtimet
a) Ndizni një zjarr me qymyr ose dru ose ngrohni paraprakisht një skarë me gaz në lartësi.
b) Përgatitni kaktusin. Hiqni çdo gjemba ose nyje nga lopatat me një thikë prerëse ose fundin e një qëruesi perimesh, duke përdorur marrë dhe kujdes të madh që të mos lëndoheni nga shtyllat. Prisni dhe hidhni rreth 1/4 inç nga perimetri i secilës vozitje. Bëni feta paralele në vozitë për së gjati rreth 1 inç larg njëra-tjetrës, nga majat e rrumbullakosura deri në rreth 2 inç nga baza e secilës vozis. Hidhni lopatat me kripë aq sa të mbulojë të dyja anët dhe lërini të qëndrojnë për 15 minuta në një kullesë ose në një pjatë.
c) Grini kaktusin në skarë. Shpëlajeni kripën, thani kaktusin dhe spërkatni me bollëk të dyja anët me llak gatimi. Grijini nga të dyja anët derisa të zbuten dhe shërbejini me ushqime të pjekura në skarë.

6. Çiles Anchos Rellenos

4 porcione

Përbërësit
Për çilët
- 1 luge vaj
- 2 gota qepë të bardhë të prerë hollë
- 3 thelpinj hudhra, të qëruara dhe të grira
- 2 lugë pastë tamarindi të tretur në 2 gota ujë të nxehtë
- 1 filxhan melao (shurup kallami) ose sheqer kaf
- 1/2 lugë çaji gjethe rigon të thatë
- 1/2 lugë çaji trumzë e thatë
- 1/2 lugë çaji kripë
- 8 speca djegës ancho mesatarë deri në të mëdhenj, të prera në njërën anë, farat e hequra

Për mbushjen
- 4 gota patate të ëmbla të pjekura me hudhër
- Karota të pjekura
- 2 ons djathë dhie, i grirë
- Pini kripë
- 2 lugë çaji vaj ulliri ekstra të virgjër

Drejtimet
a) Përgatisni specat djegës. Ngrohni vajin në nxehtësi të ulët në mesatare në një tenxhere me madhësi mesatare. Shtoni qepën dhe gatuajeni derisa të skuqet pak. Shtoni hudhrën dhe gatuajeni edhe një minutë.
b) Përzieni ujin me shije tamarindi, melaon, rigonin, trumzën dhe kripën.

c) Shtoni specin djegës, mbulojeni dhe ziejini në zjarr të ngadaltë për 10 minuta. Hiqeni tiganin nga zjarri, zbulojeni dhe ftohuni për të paktën 10 minuta.

d) Bëni mbushjen. Ndërsa specat djegës janë duke u ftohur, kombinoni patatet e ëmbla dhe/ose karotat dhe queso afreskun ose panelin. Rrihni kripën, vajin dhe i hidhni me perimet.

e) Mbushim dhe shërbejmë specat djegës. Duke përdorur një lugë të madhe me vrima, hiqni specat djegës në një sitë dhe kullojini për 5 minuta.

f) Hidhni me kujdes rreth 1/4 filxhan të mbushjes në secilin djegës dhe vendosni 2 në secilën nga katër pjatat. Hidhni me lugë pak nga qepët mbi çdo servim dhe sipër me djathë. Shërbejeni në temperaturë ambienti.

7. Patate të pjekura me rozmarinë me fasule të zeza

4 porcione

Përbërësit
- 1/4 filxhan vaj ulliri ekstra të virgjër
- 3 thelpinj hudhër, të paqëruara
- 3 lugë gjelle gjethe rozmarine të freskëta
- 2/3 filxhan ujë
- Skanoni 1/4 lugë çaji kripë
- 12 ons patate russet ose ari Yukon, të prera në copa 3/4 inç
- 2 chiles jalapeño, fara dhe venat e hequra, të prera në copa të trasha 1/8 inç
- 1 filxhan fasule të zeza të gatuara dhe të shpëlarë
- 2 domate rome, të prera në copa 1/2 inç
- 1 avokado e madhe, e prerë në copa 1/2 inç
- 1/4 filxhan cilantro të grirë hollë
- 3/4 filxhan të grirë, pjesërisht qumësht i skremuar
- Djathe dhie
- 2 lugë salcë të nxehtë, si Sriracha
- 1/4 filxhan salcë kosi ose tofutti

Drejtimet
a) Bëni vajin e aromatizuar. Vendosni vajin, hudhrën dhe rozmarinën në një enë të sigurt për mikrovalë dhe vendoseni në mikrovalë për 30 sekonda në High. Prisni 15 sekonda dhe përsërisni.

b) Lëreni enën të qëndrojë, e mbuluar, në temperaturën e dhomës për 2-3 orë, më pas kullojeni vajin në një enë tjetër, duke hedhur hudhrën dhe rozmarinën. Përzieni ujin, kripën dhe rezervoni.

c) Pjekim patatet. Ngrohni furrën tuaj në 425°F. Vendosni patatet në një tigan prej gize 9 inç ose një enë të ngjashme të sigurt për furrë, shtoni përzierjen e vajit me ujë dhe lërini të ziejnë mbi nxehtësinë mesatare-të lartë. Fusim tiganin në furrë për 30 minuta.
d) Hiqeni nga furra, shtoni xhalapeno, kthejini patatet dhe skuqini për 15 minuta të tjera, ose derisa patatet të marrin një ngjyrë kafe të artë.
e) Përzieni perimet. Ndërsa patatet po piqen, në një tas kombinoni fasulet e zeza, domatet, avokadon dhe cilantron dhe rezervoni. Përfundoni pjatën. Ndani patatet në katër pjata, sipër me pjesë të barabarta të përzierjes së perimeve dhe zbukurojeni me djathë, salcë të nxehtë dhe salcë kosi ose tofutti.

8. Omëletë delli me mish viçi

Rendimenti: 4 porcione

Përbërës
- 3 Plantains shumë të pjekur
- Vaj për tiganisje
- 1 Qepë; i copëtuar
- ½ piper jeshil; i copëtuar
- 2 Karafil hudhër
- ½ paund Mish i bluar (Unë zakonisht ha)
- ¼ filxhan Salce domatesh
- 1 lugë gjelle Kaperi
- 1 lugë gjelle Ullinj jeshil të prerë në feta (opsionale)
- Kripë dhe piper
- ½ paund bishtaja; të freskëta ose të ngrira, të prera në copa 3 inç
- 6 Vezët
- ¼ filxhan Gjalpë

Drejtimet
a) Qëroni delli, pritini në feta 2 inç të trasha për së gjati dhe skuqini në vaj deri në kafe të artë. Hiqeni, kullojeni dhe mbajeni të ngrohtë. Në një tigan kaurdisim qepën, piperin jeshil dhe hudhrën derisa të zbuten, por jo të marrin ngjyrë kafe.
b) Shtoni mishin e grirë dhe skuqeni në zjarr të lartë për 3 minuta.
c) Hidhni salcën e domates dhe shtoni kaperin dhe ullinjtë sipas dëshirës.
d) Gatuani 15 minuta mbi nxehtësinë mesatare, duke e përzier herë pas here. I rregullojmë me kripë dhe piper sipas shijes. Lani kokrrat dhe ziejini me avull derisa të

zbuten. Rrihni vezët, shtoni kripë dhe piper sipas shijes. Lyeni me gjalpë anët dhe fundin e një tavëje të rrumbullakët dhe shkrini gjalpin e mbetur në fund. Hidhni gjysmën e vezëve të rrahura dhe ziejini në zjarr mesatar për rreth 1 minutë ose derisa të ngurtësohet pak.

e) Mbulojini vezët me një të tretën e fetave të delli, duke e ndjekur me shtresa gjysmën e mishit të bluar dhe gjysmën e kokrrave. Shtoni një shtresë tjetër delli, pjesën tjetër të mishit të grirë të viçit, një shtresë tjetër fasule dhe sipër i hidhni delli. Hidhni pjesën tjetër të vezëve të rrahura sipër.

f) Gatuani në zjarr të ulët për 15 minuta pa mbuluar, duke pasur kujdes që të mos digjet omëleta.

g) Më pas vendoseni në një furrë të parangrohur në 350 gradë për 10 deri në 15 minuta që të skuqet sipër.

h) Shërbejeni me oriz dhe fasule. E shkëlqyeshme për drekë.

9. Simite me oriz

Rendimenti: 24 simite

Përbërës
- 2 gota Qumështi
- 2 ons Gjalpë
- ¾ lugë çaji Kripë
- 2 gota Oriz-vakt shumë i mirë
- 2 lugë çaji pluhur pjekje
- 3 Vezët
- ½ paund Djathë i bardhë i butë
- Derri ose vaj vegjetal për tiganisje të thellë

Drejtimet
a) Kombinoni miellin e orizit dhe pluhurin për pjekje dhe përzieni me përmbajtjen në tenxhere. Shtoni vezët një nga një dhe përzieni.
b) Gatuani në zjarr mesatar, duke e përzier vazhdimisht me një lugë druri, derisa masa të ndahet nga anët dhe fundi i tiganit.
c) Hiqeni nga zjarri. Grini djathin me pirun dhe shtoni. Përziejini tërësisht.
d) Hidheni përzierjen me lugë në yndyrë, të ngrohur në 375 gradë, derisa të marrë ngjyrë kafe. E heqim dhe e kullojmë në letër thithëse.

KURS KRYESOR

10.   Pulë në salcë bajame

Rendimenti: 1 porcione

Përbërës
- 3 £ e gjysmë Pulë; prerë në copa shërbyese
- Miell
- ¼ filxhan vaj ulliri
- 1 e mesme Qepë; i grirë imët
- 1 Karafil hudhër; i copëtuar
- ½ filxhan Domate; i qëruar/copëtuar
- 1 degëza majdanoz; (deri në 2)
- 2 Shkop inç kanellë
- 4 Karafil të tërë
- 2 gota Supë pule
- ½ filxhan Bajame të zbardhura
- Kripë
- ¼ lugë çaji piper i bardhë
- 2 lugë çaji Lime ose lëng limoni
- 2 Vezët

Drejtimet
a) Lyejini copat e pulës me miell, duke i tundur për të hequr tepricën.
b) Ngrohim vajin në një tigan dhe kaurdisim pulën derisa të marrë ngjyrë të artë. Transferoni në një tavë të rëndë. Kaurdisni në tigan qepën dhe hudhrën dhe ia shtoni pulës së bashku me domatet, majdanozin, kanellën, karafilin dhe lëngun e pulës. Bajamet i grijmë në një blender elektrik me shpejtësi të lartë dhe i shtojmë në tavë. Sezoni me kripë, nëse është e nevojshme, dhe piper të bardhë.

c) Mbulojeni dhe ziejini butësisht derisa pula të zbutet, rreth 45 minuta.

d) Hiqini copat e pulës në një pjatë për servirje dhe mbajini të ngrohta. Hiqni çdo yndyrë nga salca dhe zvogëloni salcën në 2 gota mbi nxehtësinë e shpejtë.

e) Rregulloni erëzat dhe kullojeni salcën përmes një sitë të imët. Vendoseni në zjarr të ulët. Rrihni vezët me lëngun e limonit. Hidhni ½ filxhan salcë mbi vezët, duke i rrahur me një rrahëse teli.

f) Më pas hidhni masën e vezëve në salcë duke e rrahur vazhdimisht në zjarr të ulët derisa salca të trashet.
Mos e lini salcën të vlojë pasi do të gjizë. Hidhni sipër pulës.

g) Shërbejeni me oriz të bardhë të thjeshtë.

11.   merluc au gratin

Rendimenti: 1 porcione

Përbërës
- 1 paund Bacalao
- 3 lugë gjelle Gjalpë
- 1 i madh Qepë; i copëtuar
- 1 lugë gjelle Miell
- 1 thelb i hudhrës; i grimcuar
- 2 lugë çaji paste domate
- 1 Gjethet e dafinës
- ½ filxhan Verë e bardhë e thatë
- 1 filxhan Uji
- 1 lugë gjelle Lëng limoni
- 2 lugë gjelle Ullinj të prerë në feta
- 1 lugë gjelle majdanoz i freskët; i copëtuar
- 2 lugë gjelle Kërpudha të prera në feta
- Kripë dhe piper i freskët i bluar për shije
- 2 lugë gjelle Djathë parmixhano; të grira
- 1 e mesme Patate; të qëruara, të gatuara dhe të grira pak

Drejtimet

a) Thithni peshkun në ujë për të mbuluar të paktën 4 orë. hiqni lëkurën dhe kockat dhe fshijeni me një pirun. lyejeni me gjalpë një tavë prej 2 litrash me 1 lugë gjelle gjalpë dhe mbulojeni pjesën e poshtme me merluc.

b) Ngroheni gjalpin e mbetur në një tenxhere mbi nxehtësinë mesatare, shtoni qepën dhe skuqeni derisa të marrë ngjyrë kafe. Hidhni miellin dhe hudhrën duke i përzier mirë. Shtoni pastën e domates, gjethen e dafinës, verën, ujin dhe lëngun e limonit.

c) Ulni zjarrin dhe gatuajeni duke e trazuar derisa masa të trashet. Shtoni ullinj, majdanoz dhe kërpudha, më pas shijoni kripë dhe piper. përziejmë dhe gatuajmë 3 min. E heqim salcën nga zjarri dhe e hedhim sipër peshkut në tavë. Spërkateni me djathë dhe rreshtoni cepat e tavës me patatet.

d) E pjekim në furrë të parangrohur në 350 gradë për 35 minuta ose derisa sipër të marrin ngjyrë kafe të artë. shërbejeni me sallatë jeshile.

12. Fasule meksikane

Rendimenti: 4 racione
Përbërës
- 1 paund Fasule të thara
- 1 Qepë, e prerë në kubikë
- ¼ Piper jeshil, i prerë në kubikë
- 3 Thelpinjtë e hudhrës, të prera në kubikë
- 8 ons Salce domatesh
- 2 lugë gjelle vaj ulliri
- 2 lugë çaji Kripë
- 1 lugë çaji Kripë
- 2 gota Uji
- 1 filxhan Oriz, kokërr të gjatë

Drejtimet
a) PËRGATITNI fasulet: Thitni fasulet për të paktën dy orë (gjithashtu gjatë natës është në rregull). Ndryshoni ujin dhe lëreni të vlojë.
b) Shtoni qepën, piperin dhe hudhrën; mbulojeni dhe ziejini për 1 orë.
c) Shtoni salcën e domates, vajin e ullirit dhe kripën: mbulojeni dhe ziejini edhe për 1 orë.
d) Sillni ujin të vlojë. Shtoni orizin dhe kripën.
e) Mbulojeni dhe lëreni të ziejë për 20 minuta.

13.   <u>Peshk i skuqur me salcë</u>

Rendimenti: 12 porcione

Përbërës
- ½ filxhan vaj ulliri
- 2 £ e gjysmë Qepë, të qëruara dhe të prera në feta
- 1½ filxhan Uji
- 24 Ullinj të mbushur me pimientos
- 2 lugë gjelle Kaperi
- 1 kanaçe 4 oz. pimientos, të prera në feta të vogla në lëngun e tyre
- 2 kanaçe (8 oz.) salcë domate
- 2 lugë gjelle Uthull
- 1 lugë gjelle Kripë
- 2 Gjethet e dafinës
- 4 paund Feta peshku
- 2 lugë gjelle Kripë
- 1 filxhan vaj ulliri
- 4 të mëdha Karafil hudhër, të qëruar dhe të grimcuar

Drejtimet
a) Përgatitni salcën duke përzier përbërësit dhe gatuajeni në zjarr mesatar për rreth 1 orë.
b) Kur salca është gati gati, rregulloni peshkun me kripë të përfshirë në B dhe mbulojeni pak me miell dhe skuqeni si më poshtë: Hidhni vajin dhe hudhrën në një tigan. Hudhra kafshe mbi nxehtësinë e moderuar. Hiqni hudhrën dhe vendoseni në tigan sa më shumë feta peshku të vendosen mbi të. Skuqeni në nxehtësi mesatare nga të dyja anët, zvogëloni nxehtësinë në të ulët dhe gatuajeni për 15 minuta ose derisa peshku të

skuqet lehtë kur testohet me pirun. Skuqini peshkun e mbetur në të njëjtën mënyrë.

c) Vendoseni peshkun në një kallëp dhe mbulojeni me salcë të nxehtë dhe lëreni të qëndrojë për 5 minuta.

14. <u>Çomlek viçi</u>

Rendimenti: 1 porcion

Përbërës
- 3 lugë gjelle Vaj perimesh
- 1 £ e gjysmë Zierje e viçit; prerë në 1 1/2-inç
- 1 i madh Qepë; i copëtuar
- 3 të mëdha thelbet e hudhres; i copëtuar
- 1 lugë gjelle Majdanoz i freskët i grirë
- 4 Degëza të freskëta trumze ose 1 lugë çaji të thata; i shkërmoqur
- 4 Gjethet e dafinës
- 2 lugë gjelle Të gjitha qëllimet-kat
- 2 kanaçe supë viçi; (14 1/2-uns)
- 2 gota Verë e kuqe e thatë
- 4 të mëdha Patate
- 3 të mëdha Karotat
- ½ paund bishtaja; i shkurtuar, gjysma
- Majdanoz i freskët i grirë

Drejtimet
a) Ngrohni vajin në një tenxhere të madhe të rëndë ose në furrën holandeze mbi nxehtësinë e lartë. Shtoni mish viçi në tufa dhe skuqeni. Me një lugë me vrima, transferojeni viçin në tas. Shtoni qepën dhe hudhrën në tenxhere dhe skuqini për 5 minuta. Shtoni majdanozin, trumzën, gjethet e dafinës dhe miellin. Përzieni 2 minuta.
b) Gradualisht përzieni lëngun dhe verën. Kthejeni viçin në tenxhere dhe vendoseni përzierjen të ziejë. Ulni nxehtësinë në mesatare-të ulët dhe ziejini pa mbuluar për 45 minuta.

c) Shtoni patatet dhe karotat në zierje. Ziejini derisa mishi dhe perimet të zbuten, duke i përzier herë pas here, rreth 30 minuta. Shtoni bishtajat dhe ziejini derisa fasulet të jenë të buta dhe të trashen pak, rreth 10 minuta.

d) Transferoni zierjen në një tas të madh. E zbukurojmë me majdanoz të grirë dhe e shërbejmë.

15.   Supë me fasule të zezë meksikane

Rendimenti: 1 porcione

Përbërës
- 4 gota perime; lëngu (ose pule) (deri në 6)
- 2 gota Lani fasulet e zeza
- ½ filxhan Selino të copëtuar
- 2 te medha Karota; i prerë në kubikë
- 1 e mesme qepë e verdhë; i prerë në kubikë
- ¼ filxhan Uthull
- 1 lugë çaji lëvozhgë portokalli ose limoni; të grira
- ½ lugë çaji kanellë
- 1 majë Cayenne; për shije
- 2 lugë çaji Hudhra; i grirë imët

Drejtimet
a) Filloni me 4 gota lëng -- dhe shtoni më shumë sipas nevojës, në varësi të faktit nëse dëshironi supë me supë ose një pjatë anësore për ta shërbyer me oriz kaf.
b) Vendosni të gjithë përbërësit së bashku në një tenxhere dhe gatuajeni ngadalë për tre orë. Shërbejeni me oriz kaf të zier në fund të tasit me garniturat e mëposhtme për t'u shtuar sipas shijes: kosi ose kos pa yndyrë, qepë të njoma të grira, qepë të kuqe të prera, domate të grira, majdanoz të grirë, salsa. Shërbejeni me një copë bukë franceze, tortilla të ngrohta ose bukë pita.

16. Caldo gallego meksikane

Rendimenti: 6 racione

Përbërës
- ½ paund fasule të bardha të thata; ngjyhet gjatë natës,
- Dhe kulluar
- 1 paund Kofshët e pulës
- ½ paund sallam chorizo spanjoll ose meksikan; prerë në copa 1/2".
- ½ paund Proshutë; i copëtuar
- ¼ paund kripë derri; i prerë në kubikë
- 1 e mesme qepë e verdhë; të qëruara dhe të grira
- 3 thelbet e hudhres; të qëruara dhe të grira
- 2 lugë çaji Salcë Worcestershire
- Salcë tabasko; pak pista për shije
- 2 e gjysmë litër Uji
- ½ paund Patate; të qëruara të katërta,
- Dhe i prerë në feta
- ½ paund lakër jeshile; të prera hollë
- 2 gota Kale; kërcelli të ashpër të hequr,
- Dhe të prera hollë
- ½ paund Rrepat; të qëruara të katërta,
- Dhe i prerë në feta
- Kripë; për shije
- Piper i zi i sapo bluar; për shije
- Kopër e freskët e copëtuar për zbukurim; (opsionale)

Drejtimet
a) Vendosni fasulet e kulluara, pulën, chorizo-n, proshutën, mishin e derrit me kripë, qepën, hudhrën,

salcën Worcestershire, salcën Tabasco dhe ujin në një tenxhere supe prej 6 deri në 8 litra.

b) Lëreni të ziejë dhe më pas zvogëloni zierjen. Gatuani, të mbuluar, për 45 minuta.

c) Hiqni copat e pulës nga tenxherja dhe hiqni kockat. Lëreni mishin mënjanë dhe hidhni kockat. Në tenxhere shtoni përbërësit e mbetur përveç kripës, piperit dhe pulës. Ziejini të mbuluara për 25 minuta, më pas shtoni kripë dhe piper.

d) Kthejeni mishin e pulës në tenxhere dhe ziejini edhe për disa minuta. Hidhni sipër koprën opsionale.

17.   **<u>Bizele meksikane</u>**

Rendimenti: 4 porcione

Përbërës
Chickpea s
- 1 paund qiqrat
- 2 e gjysmë litër Uji
- 2 lugë gjelle Kripë

Kungull
- 2 e gjysmë litër Uji
- $1\frac{1}{4}$ paund Kungull -- ose kungull i prerë
- 6 ons Chorizo - copa me madhësi kafshimi

Sofrito
- 1 lugë çaji Vaj perimesh
- $\frac{1}{2}$ ons Proshutë e pjekur -- e prerë në kubikë
- 1 Qepë - e copëtuar
- 1 Piper jeshil
- 3 Speca të ëmbla kili
- 2 Karafil hudhër
- 6 Gjethet e freskëta të cilantros
- $\frac{1}{4}$ lugë çaji Rigon i grimcuar
- $\frac{1}{4}$ filxhan Salce domatesh
- 1 lugë gjelle Kripë

Drejtimet
a) Kullojini qiqrat, shpëlajini dhe vendosini në një tenxhere të madhe, së bashku me kungullin, chorizo-n dhe $2\frac{1}{2}$ litër ujë. Lëreni me shpejtësi të vlojë, mbulojeni dhe ziejini mbi nxehtësi të moderuar 1 orë e gjysmë ose derisa bizelet e qiqrave të jenë pothuajse të buta.
b) Zbuloni, grijeni kungullin dhe shtoni sofrito, salcën e domates dhe kripën.

c) Përziejini dhe ziejini mbi nxehtësi të moderuar, pa mbuluar, rreth 1 orë, ose derisa salca të trashet sipas shijes.

18. <u>Pulë meksikane me oriz</u>

Rendimenti: 6 porcione

Përbërës
- 4 lugë gjelle vaj ulliri
- 1 Pulë e plotë; prerë në 8 pjesë
- 1 i madh Qepë; i copëtuar
- 1 piper jeshil; i copëtuar
- 2 lugë gjelle Kaperi
- ¼ filxhan Ullinj; i vogël, i mbushur me pimento
- 1 filxhan Salce domatesh
- 1 lugë gjelle Rigon
- 1 lugë çaji Thekon spec të kuq
- 3 thelpinj hudhre; i grirë
- 3 gota Oriz; kokërr të gjatë
- 4 ½ filxhan Llak i pulës
- ½ filxhan Majdanoz; i copëtuar
- ½ filxhan Bizele; i gatuar
- 3 lugë gjelle pimiento; i copëtuar

Drejtimet
a) Në një tenxhere ose furrë holandeze mjaftueshëm për të mbajtur të gjithë përbërësit, ngrohni vajin dhe skuqeni pulën nga të gjitha anët. Mbulojeni, ulni zjarrin dhe ziejini për rreth 15 minuta.

b) Shtoni qepën dhe piperin jeshil dhe ziejini për 4 minuta. Shtoni kaperinë, ullinjtë, salcën e domates, rigonin, thekonet e piperit dhe hudhrën dhe gatuajeni edhe për 4 ose 5 minuta të tjera.

c) Shtoni orizin dhe përzieni mirë masën. shtoni lëngun e pulës dhe majdanozin dhe përzieni. Mbuloni tenxheren,

zvogëloni zjarrin dhe ziejini për rreth 20 minuta, ose derisa lëngu të përthithet dhe orizi të jetë i butë.
d) E zbukurojmë me bizele dhe pimento dhe e shërbejmë.

19. Mish derri dhe fasule meksikane

Rendimenti: 4 porcione

Përbërës
- 1 lugë gjelle vaj kanola
- 6 Brinjë rezervë të mishit të derrit
- 1 e mesme Karrota -- kube 1/2".
- 2 mediume Qepë - të prera në kubikë
- 6 Karafil hudhër
- 3 Gjethet e dafinës
- 1 lugë çaji Rigon
- 1 paund Mund me domate të plota
- 1 i vogël Piper Jalapeno - i copëtuar
- 2 lugë çaji Kripë
- 1 paund Fasule të thata
- 1 tufë Cilantro

Drejtimet
a) Ngrohni vajin në një tenxhere të fortë. Kur të jetë nxehtë, shtoni mishin e derrit në një shtresë dhe ziejini në zjarr mesatar për rreth 30 minuta, duke e kthyer derisa të marrë ngjyrë kafe nga të gjitha anët. Shtoni 4 gota ujë të ftohtë dhe të gjithë përbërësit e mbetur, përveç gjetheve të copëtuara të cilantros.
b) Lëreni të vlojë, ulni nxehtësinë në minimum, mbulojeni dhe ziejini butësisht për 1+$\frac{3}{4}$ deri në 2 orë, derisa mishi të zbutet.
c) Ndani në katër pjata individuale, spërkatni me gjethet e cilantros të copëtuar dhe shërbejeni me oriz të verdhë.

20. <u>**Fasule të kuqe meksikane dhe oriz**</u>

Rendimenti: 4 porcione

Përbërës
- ¼ filxhan vaj ulliri
- 2 gota Qepë të copëtuara
- 1 lugë gjelle Hudhra e grirë
- 1 paund fasule të kuqe të thata; shpëlarë, njomur; dhe të kulluar (deri në)
- 5 gota Supë pule
- 2 Gjethet e dafinës
- 1 Copë shkop kanelle
- Salcë me piper të nxehtë për shije

Drejtimet
a) Ngrohni vajin në një tenxhere të madhe të rëndë. Shtoni qepët dhe skuqini duke i trazuar derisa të lyhen me vaj. Mbulojeni dhe gatuajeni në zjarr shumë të ulët, duke e përzier herë pas here, deri në kafe të artë, rreth 15 minuta. Hidhni hudhrën dhe skuqeni pa mbuluar për 3 minuta.

b) Qepës i shtojmë fasulet dhe lëngun. Ngroheni të ziejë dhe gatuajeni, të mbuluar, në zjarr të ulët për 2 orë. Shtoni gjethet e dafinës dhe kanellën. Mbulojeni dhe vazhdoni të gatuani derisa fasulet të jenë shumë të buta, rreth 1 orë më shumë.

c) I rregullojmë me kripë dhe salcë piper të kuq djegës. Fasulet mund të përgatiten deri në 24 orë para se të shërbejnë. Ngroheni duke shtuar supë shtesë nëse është e nevojshme.

21. Oriz meksikan me pulë

Rendimenti: 8 porcione

Përbërës
- 2 £ e gjysmë Copa pule
- 2 Kokrrat e piperit (piper i zi i plotë)
- 2 Karafil hudhër të qëruar
- 1 lugë çaji Rigoni i tharë (para. i freskët)
- 4½ lugë çaji Kripë
- 2 lugë çaji vaj ulliri
- 1 lugë çaji Uthull
- 1 lugë gjelle Derri ose vaj vegjetal
- 1-uns Kripë mish derri
- 2 ons Proshutë pa dhjamë (lajeni dhe kriposni mishin e derrit dhe proshutën)
- 1 Qepë e qëruar
- 1 Piper jeshil, me fara
- 3 Speca djegës të ëmbël, me fara
- 1 Domate
- 6 Gjethet e freskëta të cilantros (prisni gjithçka në copa të vogla)
- ½ lugë çaji Kripë
- 10 Ullinj të mbushur me pimientos
- 1 lugë gjelle Kaperi
- ¼ filxhan Salce domatesh
- 2 lugë gjelle yndyrë ose "ngjyrosje achiote"
- 3 gota Oriz
- 1 kanaçe (17 oz.) bizele jeshile
- 1 kanaçe (4 oz.) pimientos

Drejtimet

a) Lani pulën dhe ndani secilën pjesë të pulës në dy pjesë. Thajeni dhe fërkojeni me erëza të përfshira në B. Vendoseni në frigorifer gjatë natës.

b) Në një kazan të rëndë, ngrohni yndyrën dhe skuqni me shpejtësi mishin e derrit dhe proshutën. Uleni në masë dhe shtoni pulën. Gatuani për 5 minuta.

c) Ulni nxehtësinë në të ulët. Shtoni përbërësit dhe ziejini për 10 minuta, duke i përzier herë pas here.

d) Ndërkohë kullojeni lëngun nga kanaçe bizele në një filxhan matëse dhe ujë të mjaftueshëm për të bërë $2\frac{1}{2}$ filxhanë, nëse përdoret oriz i rregullt ose $3\frac{1}{2}$ nëse përdoret oriz i gjatë. Rezervoni bizele. Ngrohni lëngun dhe prisni.

e) Shtoni në kazan Përbërësit dhe përziejini në zjarr mesatar për 2 minuta.

f) Shtoni lëngun e nxehtë në kazan dhe përziejini mirë dhe ziejini pa mbuluar në zjarr mesatar derisa orizi të thahet.

g) Me një pirun ktheni orizin nga poshtë lart.

h) Mbuloni kazanin dhe gatuajeni në zjarr të ulët për 40 minuta. Në gjysmë të rrugës gjatë kësaj periudhe gatimi kthejeni përsëri orizin.

i) Shtoni bizelet, kthejeni edhe një herë orizin dhe mbulojeni duke i zier për 15 minuta në zjarr të ulët.

j) Hidhni orizin me lugë në një pjatë për servirje.

k) Ngroheni pimientos në lëngjet e tyre, kullojeni dhe zbukurojeni orizin.

l) Shërbejeni menjëherë.

22. <u>Oriz meksikan me bizele pëllumbash</u>

Rendimenti: 8 racione

Përbërës
- ½ paund gondola të thata (bizele pëllumbash); shpëlarë
- 3 gota Uji
- 1-uns kripë derri; copëtuar të vogla
- 2 thelbet e hudhres; të qëruara dhe të grimcuara
- 1 lugë gjelle vaj ulliri
- 1 e mesme piper i kuq zile; me bërthamë, me farë,
- Dhe të copëtuara të vogla
- 1 e mesme piper zile jeshile; me bërthamë, me farë,
- Dhe të copëtuara të vogla
- 1 e mesme qepë e verdhë; copëtuar të vogla
- 1 e mesme Domate; copëtuar të vogla
- 1 lugë gjelle Vaj Annatto
- 1 filxhan Oriz i konvertuar i Xha Benit
- Piper i zi i sapo bluar; për shije
- 2 gota Ujë të ftohtë
- Kripë; për shije

Drejtimet
a) Në një tenxhere të vogël vini gondolat dhe 3 gota ujë të ziejnë. Mbulojeni, fikni zjarrin dhe lëreni të qëndrojë për 1 orë.
b) Kulloni bizelet, ruani ujin. Në një tenxhere 6 litra kaurdisni mishin e derrit me kripë, proshutën dhe hudhrën në vaj ulliri për disa minuta. Shtoni të dy specat zile dhe qepën, mbulojeni dhe ziejini në zjarr mesatar derisa qepa të fillojë të bëhet transparente.

c) Shtoni domatet, gondolat e kulluara dhe 1½ filxhan me ujin e rezervuar. Ziejini, të mbuluara, në zjarr të ulët për 15 minuta derisa bizelet të jenë pothuajse të buta dhe pjesa më e madhe e lëngut të jetë zhdukur.
d) Hidhni vajin Annatto, orizin, piperin e zi dhe 2 gota ujë të ftohtë.
e) Lërini të vlojnë dhe ziejini të mbuluara për 15 deri në 20 minuta derisa lëngu të përthithet dhe orizi të jetë i butë. Shtoni kripë nëse është e nevojshme.

23. gjeldeti meksikan

Rendimenti: 1 porcione

Përbërës
- Turqia
- 12 Karafil hudhër
- 10 lugë çaji Rigoni i thatë meksikan
- 12 lugë çaji vaj ulliri
- 12 lugë çaji Uthull vere e kuqe
- 1 lugë çaji Kripë
- ½ lugë çaji Piper

Drejtimet
a) Në një blender, bëni pure 12 thelpinj hudhër, 10 lugë rigon të thatë meksikan, 12 lugë vaj ulliri, 12 lugë uthull vere të kuqe, 1 lugë kripë dhe ½ lugë piper. Kjo përzierje do të jetë rreth konsistencës së majonezës.
b) Më pas, me përzierjen "përthyeni" pjesën e brendshme dhe të jashtme të gjoksit të gjelit, duke e përdorur të gjithë atë. Vendoseni në një tavë pjekjeje, mbulojeni fort dhe piqni në 350~ për ½ orë.
c) Zbulojeni dhe vazhdoni pjekjen derisa të zbutet (koha do të varet nga madhësia e gjoksit ose zogut). Lyejeni çdo 15 minuta me lëngjet e tiganit.

24. Asopado meksikane ushqim deti

Rendimenti: 1 porcion

Përbërës
- 1 Qepë; i prerë në kubikë
- 1 piper i kuq; i prerë në kubikë
- 1 piper jeshil; i prerë në kubikë
- 2 Copa selino; i prerë në kubikë
- Lëvozhgat e karkalecave nga pjata e orizit
- Predhat e karavidheve nga pjata e orizit
- ½ filxhan verë e Bardhë
- ½ filxhan Salce domatesh
- 2 litra Uji
- 1 Qepë; i prerë në kubikë
- 1 piper i kuq; i prerë në kubikë
- 1 piper jeshil; i prerë në kubikë
- 2 speca të pjekur; i prerë në kubikë
- 2 gota Oriz
- 8 gota Stoku i ushqimeve të detit
- ½ paund Mishi i gaforres
- 1 majë Shafrani
- 1 paund karavidhe; me avull
- ½ paund Karkaleca
- ½ filxhan Bizele të ëmbla

Drejtimet
a) Kaurdisni qepët, piperin dhe selinon. Shtoni lëvozhgat dhe gatuajeni për 5 minuta. Shtoni verën e bardhë dhe salcën e domates. Shtoni ujë dhe ziejini për 45 minuta. Shtrëngoni dhe rezervoni stokun.

b) Kaurdisni qepët, specat dhe shtoni specat e pjekur. Shtoni orizin dhe skuqeni derisa të jetë e tejdukshme

c) Shtoni lëngun e ushqimeve të detit, mishin e gaforreve dhe shafranin; gatuajeni për rreth 15 minuta në nxehtësi të ulët. Shtoni karavidhe, karkaleca dhe bizele të ëmbla. Ngroheni 3 minuta para se ta shërbeni

25. Chorizo vegan e bërë në shtëpi

Shërbimet: 15 oz.

Përbërësit
- 1 bllok (12 oz.) Tofu, tepër i fortë
- ½ paund. Kërpudha të grira imët
- 6 Chile guajillo, e tharë, me farë
- 2 Ancho Chile, e tharë, me fara
- 4 Chile de arbol, të thata
- 4 thelpinj hudhre
- 1 lugë gjelle. Rigon i tharë
- ½ lugë. Qimnon, bluar
- 2 karafil, të tërë
- 1 lugë gjelle. Tokë piper i kuq
- ½ lugë. Tokë koriandër
- 2 lugë gjelle. Vaj vegjetal, sipas dëshirës

Drejtimet
a) Hiqeni tofu nga paketa dhe vendoseni midis dy pjatave të vogla. Vendosni një kanaçe sipër pjatave dhe lëreni kështu për 30 minuta.
b) Sillni një tenxhere të vogël me ujë të ziejë. Hiqni kërcellet dhe farat nga specat djegës dhe hidhini ato. Hidhni specat djegës në ujin e vluar. Uleni nxehtësinë në nivelin më të ulët dhe lërini specat të qëndrojnë në ujë për 10 minuta.
c) Hiqni specat djegës nga uji dhe vendosini në blender. Rezervoni ½ filxhan me lëngun e njomjes së kilit.
d) Shtoni hudhrën, rigonin, qimnonin, karafilin, paprikën, koriandrin dhe ¼ filxhan lëngu njomëse në blender dhe përpunojeni derisa të jetë e qetë. Nëse është e

nevojshme, shtoni ¼ filxhan të mbetur të lëngut njomëse për të lëvizur gjërat në blender.

e) E rregullojmë përzierjen e chilit me kripë dhe piper dhe e kalojmë në një sitë të imët. Le menjane.

f) Kullojeni ujin nga tofu dhe shkërmojeni me duar në një tas të madh. Hidhni gjysmën e përzierjes së pureve të chilit në tasin me tofu dhe përziejeni që të kombinohen. Le menjane.

g) Ngroheni një tigan të madh në zjarr të lartë dhe shtoni 1 lugë gjelle. të naftës. Pasi vaji të jetë nxehur, shtoni kërpudhat e grira hollë dhe vazhdoni të gatuani derisa kërpudhat të fillojnë të skuqen, rreth 6-7 min.

h) Uleni nxehtësinë në mesatare-të ulët dhe derdhni gjysmën e mbetur të përzierjes së kilit. Përziejini dhe vazhdoni të gatuani për 3-4 minuta, derisa kërpudhat të fillojnë të thithin përzierjen e çilit. Hiqeni nga tigani dhe vendoseni në një tas të madh.

i) Ngrohni një tigan që nuk ngjit të vendosur në nxehtësi mesatare, duke shtuar 1 lugë gjelle. të naftës. Shtoni përzierjen e tofu-së dhe vazhdoni të gatuani derisa lëngu të fillojë të avullojë dhe tofu të bëhet krokant, 7-8 minuta. Ju mund ta bëni tofun aq krokante sa të doni. (Kini kujdes të mos e mbipopulloni tiganin ose tofu nuk do të bëhet kurrë krokant.)

j) Derdhni përzierjen e gatuar tofu në tasin me kërpudhat dhe përziejeni mirë që të kombinohen. Rregulloni erëzat.

1.

26.   **Makarona kremoze Chipotle**

Porcionet: 2 racione

Përbërësit
- 1/2 filxhan Bajame, të plota, të papërpunuara
- 1/4 filxhan qumësht bajame, pa sheqer (ose vaj vegjetal)
- 1 spec Chipotle në Adobo, (vetëm një nga specat në kanaçe)
- 1 thelpi hudhër
- 3/4 filxhan Ujë
- 1/2 filxhan domate, të pjekur në zjarr
- 1 lugë gjelle. Lëng limoni, i freskët
- 1/2 paund. Spageti, grurë të plotë
- 1 lugë gjelle. Cilantro i grirë

Drejtimet
a) Vendosni bajamet, qumështin e bajameve, ujin, çipsin, thelpin e hudhrës, domatet e pjekura dhe lëngun e limonit në një blender dhe përpunoni derisa të jenë të lëmuara. I rregullojmë me kripë dhe piper.
b) Ziejini makaronat sipas udhëzimeve në kuti. Kullojini dhe vendosini në një tas të madh.
c) Hidhni salcën chipotle mbi makaronat dhe përziejini mirë.
d) Shërbejeni sipër me cilantro të grirë.

27. Jackfruit Vegan Pozole Rojo

Porcionet: 6 racione

Përbërësit
- 1 kanaçe Hominy e bardhë, e kulluar, e shpëlarë
- 3 litra Stoku perimesh
- 5 Chile guajillo, e tharë, me rrjedh dhe me farë
- 2 Ancho Chile, e tharë, me rrjedh dhe me fara
- 5 Chile de Arbol, i tharë, me rrjedh dhe me farë
- 6 thelpinj hudhre
- ½ qepë e bardhë
- 1 lugë gjelle. Vaj perimesh
- 2 kanaçe shëllirë e re e gjelbër, e kulluar
- 1 kungull i njomë, mesatar, i prerë në kubikë

Mbushje
- 1 qepë e bardhë, e vogël, e grirë
- 6 rrepka të kuqe, të prera në shkopinj
- 2 lugë gjelle. Rigon i tharë
- ½ lakër jeshile, me bërthama, të prera hollë
- 4 lime të prera në katërsh

Drejtimet

a) Në një tenxhere të madhe, bashkoni lëngun e perimeve dhe hominin dhe lërini të ziejnë pak.

b) Ndërsa hominy është duke zier, hiqni kërcellin dhe farat nga ancho chile, arbol dhe guajillo. Shpëlajeni dhe vendoseni në një tenxhere mesatare me ujë.

c) E vëmë tenxheren të vlojë mbi nxehtësinë mesatare-të lartë. Ulni nxehtësinë dhe ziejini për 10 minuta.

d) Kullojini specat djegës, por rezervoni 1 ½ filxhan me ujë djegës. Vendosni specat djegës, hudhrën dhe qepën në blender, shtoni ujin e djegës dhe përziejeni derisa të jetë homogjene. tendosje.

e) Për të përgatitur jackfruit-in, kullojeni atë, shpëlajeni dhe lyejeni me peshqir letre. Pritini thelbin e jackfruit-it (maja e pjesëve të trekëndëshit) dhe pritini ato në gjysmë. Ngrohni 1 lugë gjelle. vaj në një tigan të madh të skuqur të vendosur në nxehtësi mesatare. Shtoni jackfruit dhe gatuajeni për 3-4 minuta nga secila anë ose derisa të fillojë të marrë ngjyrë kafe. Hidhni salcën e kilit mbi jackfruit dhe zvogëloni nxehtësinë në mesatare. Ziejini për 10 minuta ose derisa jackfruti të fillojë të shpërbëhet dhe salca të jetë trashur pak. Përdorni një pirun për të copëtuar frutin kur gatuhet. I rregullojmë me kripë dhe piper.

f) Hominia juaj duhet të ziejë ende shumë ngadalë. Hiqni një filxhan me përzierjen e lëngut hominy-perime dhe përzieni derisa të jetë homogjene. Hidheni këtë përsëri në tenxheren me hominy

g) Ngrini nxehtësinë në mesatare-të ulët, dhe shtoni kungull i njomë dhe jackfruit të grirë me salcë. Lërini të ziejnë për 8-10 minuta ose derisa kungull i njomë të zbutet. I rregullojmë sipas shijes me kripë dhe piper.

h) Shërbejeni pozolën tuaj me të gjitha mbushjet anash.

28. Supë meksikane 'Meatball'

Porcionet: 6 racione

Përbërësit
- 1 domate e prerë në kubikë të mesme
- 1/4 qepë të bardhë ose të verdhë, të prerë në kubikë
- 2 karota, të mesme
- 1-2 kërcell selino
- 2-3 kalori piper i verdhë
- 3 patate të vogla, të prera në katërsh
- 1 kungull i njomë meksikan, i vogël
- 3 degë cilantro
- 6-8 gjethe mente, të grira hollë
- 1 lugë gjelle. Vaji i avokados
- 1 paketë me vezë vegane Follow Your Heart
- 1/3 filxhan oriz të bardhë, kokërr të gjatë, të papërpunuar
- 1 lugë. Piper i zi
- 1 lugë. Kripë hudhër
- 2 lugë gjelle. Më mirë se baza pa pulë

Drejtimet
Për të bërë supë:
a) Vendosni një tenxhere të madhe supe në nxehtësi mesatare. Shtoni 1 lugë gjelle. vaj dhe shtoni qepën në tenxhere. Lëreni qepën të gatuhet për 2-3 minuta ose derisa të jetë e butë dhe e tejdukshme. Shtoni domaten dhe gatuajeni edhe 3 minuta.
b) Hidhni në tenxhere aq ujë sa të mbushet 1/2. Lëreni të ziejë. Shtoni më mirë se baza Bouillon Jo-Chicken, dhe kripë dhe piper për shije (speci është opsional).

Bërja e qofteve

c) Në një tas të madh, kombinoni 1 lugë. piper i zi, 1 lugë. kripë hudhër, 1/3 filxhan oriz të bardhë dhe nenexhik të copëtuar. Përziejini mirë.

d) Ndiqni udhëzimet në paketimin e vezëve vegan dhe bëni rreth 2 vezë vegane. Shtoni gjysmën e masës së vezëve në përzierjen e qofteve dhe përzieni mirë. Sigurohuni që përzierja të jetë e mjaftueshme për të formuar qoftet. Nëse është e nevojshme, shtoni më shumë nga përzierja e veganëve deri sa të merrni konsistencën e dëshiruar.

e) Formoni me duar 8-10 qofte. I shtoni në lëngun e zierjes.

f) Është e rëndësishme të mos i trazoni shumë qoftet përndryshe ato do të copëtohen. Gatuani për 15 minuta ose më shumë.

g) Ndërsa qoftet janë duke u zier, karotat, selinon dhe kungull i njomë i presim në kube të vogla. Bëni prerje të katërta për patatet.

h) Shtoni në tenxhere karotat e prera, selinon, kungull i njomë, pataten dhe specat e verdhë (mos i prisni). Uleni nxehtësinë në mesatare-të ulët derisa perimet të jenë gatuar. Mbulojeni tenxheren dhe lëreni të gatuhen plotësisht së bashku për rreth 15 minuta.

i) Shtoni cilantro për prekjen e fundit dhe lëreni të gatuhet për disa minuta dhe duhet të keni albondiga vegan! Mos harroni tortillat e ngrohta! Ose edhe feta avokado!

1.

29. Chilaquiles nishan me zarzavate dhe fasule

Porcionet: 4 racione

Përbërësit
- marule

Zarzavatet dhe fasulet:
- ¼ filxhan ujë
- 2 thelpinj hudhre, te grira
- 8 oz. Spinaq (rreth 1 qese)
- 1 kanaçe (14 oz.) Fasule të zeza, të kulluara

Salcë:
- 1 kavanoz (7,2 oz.) Mole Poblano
- 2 gota Llak perimesh

Mbushje
- Krem bajamesh
- Vegan Queso Cotija
- 1 qepë e bardhë, e prerë në rrathë shumë të hollë

Drejtimet
a) Ngrohni furrën në 400°F. Vendosni trekëndëshin tortilla në dy fletë pjekje të veshura me pergamenë dhe piqni për 15 deri në 20 minuta derisa të bëhen krokante. Hiqeni nga furra dhe lërini mënjanë. (Mund t'i skuqni gjithashtu në një tigan me fund të rëndë deri në kafe të artë, ose të blini një qese me patatina.)
b) Zarzavatet dhe fasulet:
c) Nxehni një tigan të madh në nxehtësi mesatare dhe derdhni në ¼ filxhan ujë. Shtoni hudhrën dhe gatuajeni për 1 minutë. Shtoni spinaqin dhe përzieni.
d) Pasi spinaqi të jetë zier (rreth 2 minuta) shtoni fasulet e zeza. I rregullojmë me kripë dhe piper.
Salcë:

e) Vendosni një tenxhere të madhe në nxehtësi mesatare, shtoni 1 filxhan lëng perimesh dhe paste mole. Përziejini.

f) Pasi pasta e nishanit të tretet dhe përzierja të ziejë, shtoni filxhanin e dytë me lëng perimesh. Do të duket sikur nishani është shumë i hollë, por sapo nishani të ftohet qoftë edhe pak trashet. Lëreni të ziejë, përzieni dhe hiqeni nga zjarri.

g) Duke i bashkuar të gjitha

h) Sigurohuni që nishani juaj të ketë konsistencën e duhur, duhet të jetë konsistenca e një supe të hollë kremi, rregullojeni sipas nevojës me lëng perimesh.

i) Shtoni patate të skuqura, zarzavate dhe fasule në tenxheren me nishan. Përziejini mirë për tu veshur. Shërbejeni menjëherë dhe sipër me krem bajamesh, vegan queso cotija dhe qepë.

30. <u>**Torta Ahogada**</u>

Serbimet: 2 tortilla

Përbërësit
Torta:
- 2 role bolillo ose bagueta 6 inç të gjata, të ndara në gjysmë
- 1 filxhan fasule të skuqura, duke përdorur fasule të zeza
- 1 avokado e pjekur Hass, pa kore, e qëruar

Salcë:
- 30 Chiles of Arbol, me rrjedh, të mbjellë dhe të rihidratuar
- 3 thelpinj hudhre
- 1 gotë Ujë
- 1 lugë. Rigoni i tharë meksikan
- 1/2 lugë. Qimnon i bluar
- 1/2 lugë. Piper i zi i sapo bluar
- 1/8 lugë. Karafil i bluar
- 1 lugë. Kripë

Garniturat:
- 2 rrepka, të prera hollë
- 8 deri në 12 qepë turshi të bardha, të ndara në rrathë
- Pykat e gëlqeres

Drejtimet
Tortas
a) Skuqeni lehtë rrotullat ose bagutet. Ngrohim fasulet dhe i shpërndajmë në mënyrë të barabartë në secilën role. Shtoni fetat e avokados. Vendosni sanduiçët në enë.

Salcë:
b) Në një blender ose përpunues ushqimi, bëni pure djegësin arbol të rihidratuar, hudhrën, rigon me ujë meksikan, qimnonin, piperin, karafilin dhe kripën. (Skulloni nëse dëshironi një salcë shumë të butë.)
c) Hidhni salcën mbi sanduiçe. I zbukurojmë sanduiçet me rrepka të prera në feta dhe qepë turshi dhe i shërbejmë me feta lime. Hani këto torta me një pirun dhe shumë peceta.
1.

31. Fasule meksikane kauboj

Porcionet: 6 racione

Përbërësit
- ½ paund. Fasule pinto të thara
- 1 qepë, e bardhë, e madhe
- 3 thelpinj hudhre, te shtypura
- 2 degë cilantro
- ¼ filxhan lëng perimesh ose ujë
- 6 oz. (3/4 filxhan) chorizo vegan
- 2 djegës serrano, të grira
- 1 domate e madhe, e prerë në kubikë

Drejtimet
a) Thithni fasulet në ujë gjatë natës.
b) Të nesërmen i kullojmë dhe i vendosim në një tenxhere të madhe. Hidhni ujë të mjaftueshëm në tenxhere për të mbushur ¾ e rrugës.
c) Pritini qepën tuaj në gjysmë. Vendosni ½ qepën, degëzat e cilantros dhe 3 thelpinj hudhër në tenxheren me fasulet. Rezervoni gjysmën tjetër të qepës.
d) Lëreni ujin të ziejë dhe lërini fasulet të ziejnë pothuajse derisa të zbuten, afërsisht 1 orë e gjysmë.
e) Ndërsa fasulet janë duke u gatuar, ngrohni një tigan të madh në nxehtësi mesatare-të lartë. Shtoni chorizo dhe skuqeni derisa të skuqet pak, rreth 4 minuta. Ndërsa chorizo është duke u gatuar, grijeni gjysmën tjetër të qepës.
f) Hiqeni chorizo-n nga tigani dhe lëreni mënjanë. Shtoni ¼ filxhan ujë, qepën e prerë në kubikë dhe specat serrano në tiganin e skuqur. Djersitni qepën dhe specin djegës derisa të zbuten dhe të jenë të

tejdukshme, rreth 4-5 minuta. Shtoni domaten dhe lëreni të gatuhet për 7-8 minuta më shumë ose derisa domatja të prishet dhe të lëshojë të gjithë lëngjet e saj.

g) Shtoni këtë përzierje dhe chorizo-n në tenxheren me fasule dhe lërini të ziejnë për 20 minuta të tjera ose derisa fasulet të zbuten plotësisht. I rregullojmë sipas shijes me kripë dhe piper.

h) Para se ta shërbeni, hiqni gjysmën e qepës, degën e cilantros dhe thelpinj hudhre nga fasulet. I rregullojmë me kripë dhe piper

32. <u>**Oriz kafe meksikan**</u>

Porcionet: 3 racione

Përbërësit
- 1 filxhan oriz kaf, kokërr të gjatë
- ¼ qepë, e bardhë
- 3 thelpinj hudhre
- 1 ½ filxhan domate, të prerë në kubikë
- 1 lugë gjelle. paste domate
- 1 ½ filxhan perime, lëng ose lëng mishi
- ½ lugë. Kripë, kosher
- 1 filxhan bizele, të ngrira

Drejtimet
a) Thithni orizin kaf në ujë të ftohtë gjatë natës.
b) Kulloni orizin. Vendosim një tenxhere mesatare në zjarr mesatar dhe shtojmë orizin. Përziejini shpesh dhe lëreni orizin të thekur deri në kafe të artë, rreth 8-10 minuta.
c) Ndërkohë përziejmë domaten, qepën, hudhrën dhe pastën e domates derisa të jenë të lëmuara. tendosje. Duhet të përfundoni me 1 filxhan pure. Nëse jo, shtoni sasi të mjaftueshme perimesh për ta bërë një filxhan.
d) Derdhni purenë e domates në tenxheren me orizin dhe lëreni të ziejë për 2 minuta. Shtoni 1½ filxhan lëng perimesh. Shtoni ½ lugë kripë dhe përzieni. Mbulojeni dhe ulni nxehtësinë në një zierje të ulët. Lëreni të gatuhet për 35-40 minuta.
e) Hiqeni tiganin nga zjarri dhe lëreni të pushojë i mbuluar për 7 minuta.
f) Ndërkohë hidhni bizelet në ujë të vluar derisa të zbuten, rreth 1 minutë, kullojini.

g) Shtoni bizelet tek orizi dhe skuqini me një pirun.

33.   **<u>Arroz a la Mexicana</u>**

8 racione

Përbërësit
- 2 thelpinj hudhre, te prera
- 1 lugë çaji kripë
- 2-1/3 gota supë pule me pak natrium
- 1/4 filxhan vaj ulliri ekstra të virgjër
- 1-1/2 filxhan oriz me kokërr të gjatë
- 1/3 filxhan domate të grimcuara të pjekura në zjarr, ose zëvendësoni salcën e domates
- 1/3 filxhan karotë të qëruar dhe të grirë në rende
- 1 filxhan qepë të bardhë të prerë në feta, 1/4 inç të trashë
- 1 filxhan kil Poblano të prerë në feta, me fara, 1/4 inç të trashë 1/4 filxhan bizele të ngrira

Drejtimet
a) Përgatitni lëngun. Hidhni hudhrën dhe kripën në një blender, shtoni 1 filxhan lëng mishi dhe bëni pure. Shtoni pjesën tjetër të lëngut dhe përziejeni përsëri që të përzihet mirë. Rezervë.
b) Skuqni orizin. Nxehni një tenxhere të madhe (më pëlqen të përdor një furrë holandeze prej gize) mbi nxehtësinë mesatare, shtoni vajin e ullirit dhe përzieni orizin. Gatuani orizin duke e përzier shpesh derisa të marrë ngjyrë kafe të artë. Nëse është e nevojshme, ulni nxehtësinë që të mos përvëlohet. Kur të ketë mbaruar, në 5-8 minuta do të dëgjoni një zhurmë si rërë që hidhet në një enë metalike.

c) Gatuani salcën në oriz. Përzieni domaten e grimcuar ose salcën e domates në orizin e skuqur, kthejeni nxehtësinë në mesatare ose pak më shumë dhe gatuajeni, duke e përzier pothuajse vazhdimisht, derisa gati.

d) i gjithë lëngu ka avulluar dhe kokrrat e orizit nuk ngjiten më, rreth 5 minuta. Kjo është shumë e rëndësishme, pasi sa më i lëngshëm të avullojë, aq më i lehtë do të jetë orizi.

e) Në fillim do të mendoni se nuk do të ndodhë kurrë, por do të ndodhë. Nga fundi, një pjesë e orizit mund të fillojë të digjet. Pak nga kjo i shton aromën, por ulni nxehtësinë për ta minimizuar atë.

f) Gatuani orizin. Masën e lëngut përziejmë për pak kohë dhe e hedhim në tenxheren me orizin. Ngrini nxehtësinë në të lartë dhe shtoni karotat, qepën e prerë në feta, poblano dhe bizelet e ngrira. Lëmë lëngun të ziejë plotësisht, mbulojeni tenxheren, ulni nxehtësinë sa më të ulët që të mundeni që lëngu të ziejë dhe gatuajeni për 15 minuta.

g) Hiqeni tenxheren nga zjarri dhe lëreni orizin të marrë avull për 10 minuta. Hiqeni kapakun dhe përzieni butësisht orizin me një pirun për të ndarë kokrrat. Mbulojeni tenxheren dhe lëreni orizin të ziejë me avull për 10 minuta të tjera.

34. Oriz shafran

8-10 racione

Përbërësit
- 1 majë (rreth 1/4 e lugës së paketuar) fije shafrani
- 3 gota lëng pule me pak natrium
- 4 thelpinj hudhre, te grira
- 1 lugë çaji kripë
- 1/2 lugë gjelle lëng gëlqereje të freskët të shtrydhur
- 2 lugë vaj ulliri ekstra të virgjër
- 1-1/2 filxhan oriz jasemini, ose zëvendësoni ndonjë oriz të mirë me kokërr të gjatë 1/4 filxhan qepë të bardhë të grirë
- 1 serrano djegës mesatar, farat dhe damarët e hequr dhe të grirë
- 2 lugë majdanoz të grirë hollë

Drejtimet
a) Lyejeni lëngun me shafran. Vendoseni shafranin në një enë rezistente ndaj nxehtësisë. Sillni 1 filxhan lëng mishi vetëm të ziejë dhe derdhni mbi shafranin. Ziejeni përzierjen për të paktën 15 minuta.
b) Bëni pjesën tjetër të lëngut të gatimit. Vendosni 3 thelpinj hudhër të grirë dhe kripën në një blender, shtoni 2 filxhanët e mbetur të lëngut të lëngut dhe lëngut të limonit dhe përziejini derisa të bëhen pure.
c) Gatuani orizin në vaj. Shtoni thelpin e mbetur të hudhrës, qepën dhe djegësin e grirë në oriz dhe përzieni për 1 minutë.

d) Përzieni përzierjen e lëngut të përzier dhe lëngun e injektuar me shafran dhe lëreni të vlojë. Mbuloni tenxheren, ulni zjarrin sa më pak të jetë e mundur duke e mbajtur lëngun të ziejë mesatarisht dhe ziejini orizin për 15 minuta.

e) Përfundoni orizin. Hiqeni tenxheren nga zjarri dhe lëreni orizin të marrë avull i mbuluar për 10 minuta. Hiqni kapakun dhe trazoni me kujdes orizin me pirun për të ndarë kokrrat. Hidhni majdanozin, vendosni kapakun dhe lëreni orizin të qëndrojë për 10 minuta të tjera përpara se ta shërbeni.

35. Arroz Huerfano

8-10 racione

Përbërësit
- Oriz shafran
- 1 lugë gjelle zëvendësues i vajit të gatimit
- 1/2 filxhan bajame të zbardhura të grira
- 1/3 filxhan arra pishe
- 3 ons proshutë me më pak natrium, të copëtuar imët

Drejtimet
a) Skuqni arrat. Ndërsa orizi i shafranit është duke u gatuar, ngrohni një tigan mbi nxehtësinë mesatare. Shtoni vajin e gatimit dhe kur të jetë shkrirë shtoni arrat.
b) Kaurdisni arrat duke i përzier vazhdimisht derisa bajamet të fillojnë të marrin ngjyrë të artë. Hiqeni tiganin nga zjarri, përzieni proshutën dhe lëreni mënjanë.
c) Përfundoni orizin. Pasi të shtoni majdanozin tek orizi i shafranit, përzieni arrat dhe proshutën e zier, mbulojeni tenxheren dhe lëreni orizin të marrë avull për 10 minutat e fundit.

36. Frijoles de Olla (fasule në tenxhere)

Rreth 12 racione gjysmë filxhani

Përbërësit
- 4 litra ujë
- 3 lugë gjelle kripë
- 1 kile pinto ose fasule të zeza
- 3 thelpinj hudhër, të prera
- 1/3 filxhan qepë të bardhë të copëtuar
- 1 lugë çaji gjethe rigoni të thata
- 1 litër ujë, plus pak më shumë, nëse është e nevojshme
- 2 degë epazote (opsionale me fasule të zeza)
- Kripë për shije

Drejtimet
a) Ngrohni dhe thithni fasulet. Hidhni 4 litra ujë, kripë dhe fasule në një tenxhere.
b) Lërini të vlojnë plotësisht, mbuloni tenxheren, hiqeni nga zjarri dhe lërini fasulet të qëndrojnë për 1 orë.
c) Hidhni ujin e njomur, shpëlajini fasulet tërësisht, shpëlajeni tenxheren dhe kthejini fasulet në të.
d) Përfundoni fasulet. Hidhni hudhrën, qepën, rigonin dhe 1 filxhan ujë në një blender dhe bëni pure. Shtoni edhe 3 gota ujë dhe përziejini për pak kohë.
e) Lëngun e përzier e derdhni në tenxheren me fasulet, e vendosni të vlojë dhe shtoni epazotin nëse përdorni. Ziejini fasulet, të mbuluara, me përjashtim të rreth 1/2 inç, ose aq sa të lërë pak avull të dalë, derisa të zbuten.

37. Charro ose fasule të dehura

Rreth 7 filxhanë ose 14 racione gjysmë filxhani

Përbërësit
- Frijoles de Olla
- 1/2 lugë gjelle vaj ulliri ekstra të virgjër
- 1-1/2 ons (rreth 3 lugë gjelle) chorizo meksikane, me lëkurë dhe të prerë imët
- 3/4 filxhan qepë të bardhë të copëtuar
- 2 thelpinj hudhre, te grira holle
- 1 lugë gjelle serrano chili i grirë imët
- 1 filxhan domate te grira
- 1/2 lugë gjelle rigon me gjethe të thata
- 1/4 filxhan cilantro e paketuar lirshëm

Drejtimet
a) Skuqeni dhe shtoni perimet. Kur Frijoles de Olla janë gati gati, ngrohni vajin e ullirit në një tigan mbi nxehtësinë mesatare. Shtoni chorizo-n dhe gatuajeni derisa pjesa më e madhe e yndyrës të jetë marrë. Shtoni qepën, hudhrën dhe djegësin dhe vazhdoni zierjen derisa të fillojnë të zbuten.
b) Shtoni domatet dhe rigonin dhe vazhdoni zierjen derisa domatet e shtypura të fillojnë të trashen dhe të humbasin shijen e tyre të kallajit, rreth 5 minuta.
c) Shtoni cilantron dhe më pas derdhni përmbajtjen e tiganit në fasule.
d) Përfundoni fasulet. Shtoni kripën dhe ziejini për 5 minuta.

38.   <u>Frijoles Refritos (fasule të skuqura)</u>

4 racione gjysmë filxhani

Përbërësit
- 2 gota Frijoles de Olla të bëra me fasule pinto ose të zeza, ose fasule pak të kripura ose të pakripura, lëng mishi i rezervuar
- 1 filxhan lëng mishi me fasule
- 2 lugë çaji çipotle të grirë
- 1/2 lugë çaji qimnon i bluar
- 1/2 lugë çaji gjethe rigon të thatë
- 2 lugë vaj ulliri ekstra të virgjër
- 2 thelpinj hudhre, te grira

Drejtimet
a) Përpunoni fasulet. Hidhini fasulet në një përpunues ushqimi dhe shtoni lëngun e mishit, chili chipotle, qimnon dhe rigon. Përpunoni derisa fasulet të jenë të lëmuara, duke shtuar më shumë lëng mishi nëse duken shumë të trasha.
b) Gatuani fasulet. Ngroheni një tigan mbi nxehtësinë mesatare dhe shtoni yndyrën ose vajin. Shtoni hudhrën dhe lëreni të ziejë për vetëm disa sekonda, më pas shtoni fasulet e pjekura. Gatuani, duke i përzier vazhdimisht, derisa fasulet të jenë ngrohur dhe të trasha ose të holla sa të doni.
c) Nëse dëshironi, shërbejeni me djathë.

39. <u>**Fasule të stilit Santa Maria**</u>

Rreth 14 racione gjysmë filxhani

Përbërësit
- 1 kile fasule pinquito, të njomur
- 1 lugë gjelle vaj ulliri ekstra të virgjër
- 1/2 filxhan proshutë me pak natrium, të prerë në një zare 1/4 inç
- 3 thelpinj hudhre, te grira
- 3/4 filxhan domate të grimcuara
- 1/4 filxhan salcë Kili
- 1 lugë gjelle nektar agave ose sheqer
- 2 lugë majdanoz të grirë

Drejtimet
a) Gatuani fasulet. Kulloni fasulet, vendosini në një tenxhere dhe mbulojini me ujë rreth 1 inç. Lërini të vlojnë, mbuloni pjesërisht tenxheren dhe ziejini derisa të zbuten, 45-90 minuta. Kontrolloni ato shpesh pasi ndoshta do t'ju duhet të shtoni më shumë ujë herë pas here.
b) Përgatitni salcën e erëzave.
c) Hidhni vajin e ullirit në një tigan në zjarr mesatar dhe shtoni hudhrën dhe ziejini për 1 minutë. Hidhni domatet, salcën e Kilit, nektarin e agave dhe kripën dhe ziejini salcën derisa të fillojë të trashet, 2-3 minuta.
d) Përfundoni fasulet. Kur fasulet të jenë të buta, kullojini të gjitha, përveç rreth 1/2 filxhan të lëngut dhe përzieni me salcën e erëzave. Gatuani fasulet për 1 minutë, përzieni majdanozin dhe shërbejeni.

RAJAS

40. Sined Rajas

Përbërësit
- 2 lugë vaj ulliri ekstra të virgjër
- 1 qepë e bardhë mesatare, e prerë në feta 1/4 inç
- 2 djegës të mesëm Poblano, me kërcell, me fara dhe të prera në feta 1/4 inç
- 3/4 lugë çaji kripë kosher
- Piper i zi i freskët i bluar, për shije
- Lëng nga 1/2 lime, ose për shije

Drejtimet

a) Nxehni një tigan 12 inç mbi nxehtësinë mesatare në të lartë. Shtoni vajin e ullirit, qepët dhe specin djegës dhe gatuajeni duke i përzier pothuajse vazhdimisht derisa speci të zbutet, të fillojë të marrë ngjyrë të artë dhe të shkrihet pak.

b) Shtoni kripën, piperin dhe lëngun e limonit, përzieni mirë dhe shërbejeni.

41. Rajas të karamelizuar

Përbërësit

- 2 lugë vaj ulliri ekstra të virgjër
- 2 qepë të bardha mesatare, të qëruara, të prera në feta 1/4 inç, 3/4 lugë çaji kripë kosher
- 3 thelpinj hudhre, te prera holle
- 2 djegës të mesëm Poblano, të pjekura, të qëruara, me fara dhe të prera në feta 1/4 inç.
- Piper i zi i freskët i bluar, për shije
- Lëng nga 1/2 lime, ose për shije

Drejtimet

a) Nxehni një tigan 12 inç mbi nxehtësinë mesatare. Shtoni vajin e ullirit, qepët dhe kripën, të cilat do t'i ndihmojnë qepët të lëshojnë lëngun e tyre.

b) Gatuani, duke e përzier shpesh, derisa qepët të fillojnë të marrin ngjyrë, më pas zvogëloni nxehtësinë në mesatare-të ulët. Vazhdoni të gatuani qepët ngadalë, duke i trazuar shpesh dhe duke rregulluar temperaturën për t'i mbajtur ato nga djegia, derisa të marrin një kafe të thellë të artë.

c) Shtoni hudhrat dhe specat djegës Poblano të pjekur dhe gatuajeni derisa hudhrat dhe djegësit të jenë të buta. Hidhni piperin dhe lëngun e limonit dhe shërbejeni.

42. Rajas piper zile

Rendimenti: 6 racione

Përbërës
- $\frac{1}{2}$ çdo spec zile jeshile
- $\frac{1}{2}$ çdo spec të kuq zile
- $\frac{1}{2}$ çdo spec zile të verdhë
- $\frac{3}{4}$ filxhan djathë Monterey Jack; I copëtuar
- 2 lugë Ullinj të pjekur të copëtuar
- $\frac{1}{4}$ lugë çaji piper i kuq; E grimcuar

Drejtimet
a) Pritini shiritat e specit zile në mënyrë tërthore në gjysma.
b) Rregulloni në tepsi për byrekë të palyer me yndyrë, 9 X $1\frac{1}{4}$ inç ose tepsi të rrumbullakët 9 X 2 inç. Spërkateni me djathë, ullinj dhe piper të kuq.
c) Vendoseni kontrollin e furrës të ziejë. Ziejini specat me majat 3 deri në 4 inç nga zjarri derisa djathi të shkrihet, rreth 3 minuta.

43. Rajas kremoze

Rendimenti: 1 porcione

Përbërës
- ½ filxhan vaj ulliri
- 2 qepë mesatare, të përgjysmuara dhe të prera në feta 1/4 inç, për së gjati
- 4 speca zile të kuqe mesatare, të pjekura, të qëruara, të prera dhe të prera
- 1 filxhan krem të rëndë
- ¾ filxhan djathë Manchego të klasifikuar ose Monterey Jack
- ⅔ filxhan djathë Cotija, Romano ose Parmixhan i grirë

Drejtimet
a) Në një tigan të madh ngrohni vajin në zjarr mesatar. Kaurdisni qepët me kripë dhe piper derisa të fillojnë të zbehen dhe të skuqen, për 8 deri në 10 minuta. Përzieni specat e kuq të grirë dhe djegësin.
b) Hidhni kremin e trashë, lëreni të ziejë dhe zvogëloni zierjen. Gatuani për 4 minuta ose derisa kremi të fillojë të trashet. Hidhni djathin e grirë dhe hiqeni nga zjarri. Shërbejeni menjëherë.

44. Rajas dhe kërpudha

Rendimenti: 1 porcione

Përbërës
- 8 djegës jalapeño
- 8 gota kërpudha
- 1 qepë
- 4 thelpinj hudhre
- 1 degëz Epazote
- Vaj
- Kripë

Drejtimet
a) Lani mirë kërpudhat. I presim në feta dhe i skuqim në zjarr të ulët për rreth 10 minuta që të nxjerrin lëngun e tyre. Shtoni kripë. Pritini qepët në feta. Pritini imët thelpinjtë e hudhrës dhe epazotin.
b) Zbrazni specin djegës dhe prisni në feta (duke formuar rajas ose shirita).
c) Kullojmë kërpudhat dhe i skuqim në pak vaj së bashku me qepët, hudhrat, epazotën dhe djegësin. Shërbejeni me tortilla të nxehta.

TACOS

45.   Rajas con Crema Tacos

Përbërësit
Mbushja:
- 5 speca Poblano, të pjekura, të qëruara, me fara, të prera në rripa
- 1/4 ujë
- 1 qepë, e bardhë, e madhe, e prerë hollë
- 2 thelpinj hudhre, te grira
- ½ filxhan lëng perimesh ose supë

Krema
- ½ filxhan Bajame të papërpunuara
- 1 thelpi hudhër
- ¾ filxhan ujë
- ¼ filxhan qumësht bajame, vaj vegjetal ose pa sheqer
- 1 lugë gjelle. Lëng limoni i freskët

Drejtimet
a) Ngrohni një tigan të madh në nxehtësi mesatare, shtoni ujë. Shtoni qepën dhe djersini për 2-3 minuta ose derisa të jetë e butë dhe e tejdukshme.
b) Shtoni hudhrën dhe ½ filxhan lëng perimesh, mbulojeni dhe lëreni të marrë avull.
c) Shtoni specat Poblano dhe lërini të ziejnë edhe 1 minutë. I rregullojmë me kripë dhe piper. Hiqeni nga zjarri dhe lëreni të ftohet pak.
d) Vendosni bajamet, hudhrën, ujin, qumështin e bajameve dhe lëngun e limonit në blender dhe përpunoni derisa të jenë të lëmuara. I rregullojmë me kripë dhe piper.
e) Mbi mbushjen e ftohur hedhim kremin e bajameve dhe e përziejmë mirë.

46. Tacos Tinga me patate të ëmbla dhe karrota

Koha totale - 30 minuta

Përbërësit
- 1/4 filxhan ujë
- 1 filxhan qepë të bardhë të prerë hollë
- 3 thelpinj hudhre, te grira
- 2 1/2 gota patate të ëmbla të klasifikuara
- 1 filxhan karotë të grirë
- 1 kanaçe (14 oz.) domate të prera në kubikë
- 1 lugë. Rigoni meksikan (opsionale)
- 2 speca Chipotle në adobo
- 1/2 filxhan lëng perimesh
- 1 avokado, e prerë në feta
- 8 tortilla

Drejtimet
a) Në një tigan të madh të skuqur mbi nxehtësinë mesatare, shtoni ujin dhe qepën, gatuajeni për 3-4 minuta, derisa qepa të jetë e tejdukshme dhe e butë. Shtoni hudhrën dhe vazhdoni të gatuani duke e trazuar për 1 minutë.
b) Shtoni pataten e ëmbël dhe karotën në tigan dhe gatuajeni për 5 minuta, duke i përzier shpesh.
c) Salcë:
d) Vendosni domatet e prera në kubikë, lëngun e perimeve, rigonin dhe specat çipotle në blender dhe përpunoni derisa të jenë të lëmuara.
e) Shtoni në tigan salcën e domates dhe skuqeni për 10-12 minuta, duke e përzier herë pas here, derisa patatet e ëmbla dhe karotat të jenë gatuar. Nëse është e nevojshme, shtoni më shumë lëng perimesh në tigan.

f) Shërbejeni mbi tortilla të ngrohta dhe sipër me feta avokadoje.

47. Patate dhe Chorizo tacos

Porcionet: 4 racione

Përbërësit
- 1 lugë gjelle. Vaj vegjetal, sipas dëshirës
- 1 filxhan qepë, e bardhë, e grirë
- 3 gota patate të qëruara, të prera në kubikë
- 1 filxhan chorizo vegan, i gatuar
- 12 tortilla
- 1 filxhan salsa juaj e preferuar

Drejtimet
a) Ngrohni 1 lugë gjelle. me vaj në një tigan të madh të zier në temperaturë mesatare-të ulët. Shtoni qepët dhe ziejini derisa të jenë të buta dhe të tejdukshme, rreth 10 minuta .
b) Ndërsa qepët janë duke u zier, vendosni patatet tuaja të prera në një tenxhere të vogël me ujë të kripur. Lëreni ujin të ziejë në zjarr të lartë. Ulni nxehtësinë në mesatare dhe lërini patatet të ziejnë për 5 minuta.
c) Kullojmë patatet dhe i shtojmë në tiganin me qepën. Kthejeni ngrohjen në mesatare-të lartë. Gatuani patatet dhe qepët për 5 minuta ose derisa patatet të fillojnë të skuqen. Shtoni më shumë vaj nëse është e nevojshme.
d) Shtoni chorizo-n e gatuar në tigan dhe përzieni mirë. Gatuani edhe një minutë.
e) I rregullojmë me kripë dhe piper.
f) Shërbejeni me tortilla të ngrohta dhe salsa sipas dëshirës tuaj.

48. <u>**Tacos Calabacitas verore**</u>

Porcionet: 4 racione

Përbërësit
- 1/2 filxhan supë perimesh
- 1 filxhan qepë, e bardhë, e prerë hollë
- 3 thelpinj hudhre, te grira
- ¼ filxhan lëng perimesh ose ujë
- 2 Kunguj të njomë, të mëdhenj, të prerë në kube
- 2 gota domate, të prera në feta
- 10 tortilla
- 1 avokado, e prerë në feta
- 1 filxhan salsa juaj e preferuar

Drejtimet
a) Në një tenxhere të madhe me fund të rëndë, vendoseni në nxehtësi mesatare; Djersitni qepën në 1/4 filxhan lëng perimesh për 2 deri në 3 minuta derisa qepa të jetë e tejdukshme.
b) Shtoni hudhrën dhe derdhni në të ¼ filxhani lëngun e mbetur me perime, mbulojeni dhe lëreni të marrë avull.
c) Zbuloni, shtoni kungull i njomë dhe ziejini për 3-4 minuta, derisa të fillojë të zbutet.
d) Shtoni domaten dhe gatuajeni edhe për 5 minuta, ose derisa të gjitha perimet të jenë të buta.
e) Rregullojini sipas shijes dhe shërbejini në tortilla të ngrohta me feta avokado dhe salsa.

49. Tacos me kungulleshka pikante dhe fasule të zeza

Porcionet: 4 racione

Përbërësit
- 1 lugë gjelle. Vaj vegjetal, sipas dëshirës
- ½ qepë e bardhë, e prerë hollë
- 3 thelpinj hudhre, te grira
- 2 kunguj të njomë meksikan, të mëdha, të prera në kubikë
- 1 kanaçe (14,5 oz.) Fasule të zeza, të kulluara

Salca Chile de Arbol:
- 2 - 4 Chile de Arbol, të thara
- 1 filxhan Bajame, të papërpunuara
- ½ qepë, e bardhë, e madhe
- 3 thelpinj hudhër, të paqëruara
- 1½ filxhan Lëngu me perime, të ngrohtë

Drejtimet
a) Ngrohni vajin vegjetal në nxehtësi mesatare në një tigan të madh. Shtoni qepën dhe djersini për 2-3 minuta ose derisa qepa të jetë e butë dhe e tejdukshme.
b) Shtoni thelpinjtë e hudhrës dhe ziejini për 1 minutë.
c) Shtoni kungull i njomë dhe ziejini derisa të zbuten, rreth 3-4 minuta. Shtoni fasulet e zeza dhe përziejini mirë. Lëreni të gatuhet edhe 1 minutë. I rregullojmë me kripë dhe piper.
d) Për të bërë salcën: ngrohni një tigan, komal ose gize mbi nxehtësinë mesatare-të lartë. Skuqeni specat djegës nga çdo anë derisa të skuqen lehtë, rreth 30 sekonda nga secila anë. Hiqeni nga tigani dhe lërini mënjanë.

e) Shtoni bajamet në tigan dhe skuqini derisa të marrin ngjyrë të artë, rreth 2 minuta. Hiqeni nga tigani dhe lërini mënjanë.

f) Skuqini qepën dhe hudhrën derisa të karbonizohen pak, rreth 4 minuta nga secila anë.

g) Vendosni në blender bajamet, qepën, hudhrën dhe specin djegës. Shtoni lëngun e ngrohtë të perimeve. Procedoni derisa të jetë e qetë. I rregullojmë me kripë dhe piper. Salca duhet të jetë e trashë dhe kremoze.

1.

50. Taco viçi në stilin e buallit

Bën 4 racione

Përbërës
- 1 kile mish viçi i bluar (95% i ligët)
- 1/4 filxhan salcë piper kajen për krahët e buallit
- 8 predha taco
- 1 filxhan marule të prera hollë
- 1/4 filxhan salcë me yndyrë të reduktuar ose salcë e rregullt e përgatitur me djathë blu
- 1/2 filxhan karotë të grirë
- 1/3 filxhan selino të copëtuar
- 2 lugë gjelle cilantro të freskët të copëtuar
- Shkopinj karrota dhe selino ose degëza cilantro (opsionale)

Drejtimet
a) Nxehni tiganin e madh që nuk ngjit mbi nxehtësinë mesatare derisa të nxehet. shtoni mish viçi të bluar; Gatuani 8 deri në 10 minuta, duke u copëtuar në thërrime të vogla dhe duke e përzier herë pas here. Hiqeni nga tigani me lugë të prerë; derdh pikime. Kthehu në tigan; Përziejeni salcën me piper. Gatuani dhe përzieni për 1 minutë ose derisa të nxehet.
b) Ndërkohë, ngrohni predha taco sipas udhëzimeve të paketimit .
c)
d) Edhe një përzierje me lugë viçi në lëvozhgë taco. Shtoni marule; spërkat me salcë. Sipër në mënyrë të barabartë me karrota, selino dhe cilantro. Zbukuroni me shkopinj karrota dhe selino ose degëza cilantro, nëse dëshironi

51. Mbështjellje taco viçi

Bën 4 racione

Përbërës
- 3/4 kile mish viçi të pjekur në feta të hollë
- 1/2 filxhan dip fasule të zezë pa yndyrë
- 4 tortilla të mëdha (rreth 10 inç me diametër) miell
- 1 filxhan marule të prera hollë
- 3/4 filxhan domate të copëtuar
- 1 filxhan djathë tako me yndyrë të reduktuar të grirë
- Salsa

Drejtimet
a) Përhapeni zhytjen e fasules së zezë në mënyrë të barabartë në njërën anë të secilës tortilla.
b) Shtroni mishin e pjekur të viçit mbi fasule, duke lënë një kufi 1/2 inç rreth skajeve. Spërkatni sasi të barabarta marule, domate dhe djathë mbi secilën tortilla.
c) Palosni anët e djathta dhe të majta në qendër, duke mbivendosur skajet. Palosni buzën e poshtme të tortilla lart mbi mbushje dhe rrotullojeni të mbyllur.
d) Pritini çdo role në gjysmë. Shërbejeni me salsa sipas dëshirës.

52. Taco viçi të pjekur në skarë të stilit Carnitas

Bën 6 racione

Përbërës

- 4 biftekë të sheshtë viçi (rreth 8 ons secili)

- 18 tortilla të vogla misri (diametri 6 deri në 7 inç)

- **Mbushjet:**

- Qepë e bardhë e grirë, cilantro e freskët e copëtuar, copa gëlqereje

- **Marinadë:**

- 1 filxhan salsa me domate të përgatitur

- 1/3 filxhan cilantro të freskët të copëtuar

- 2 lugë gjelle lëng limoni të freskët

- 2 lugë çaji hudhër të grirë

- 1/2 lugë çaji kripë

- 1/4 lugë çaji piper

- 1-1/2 filxhan salsa të përgatitur me domate

- 1 avokado e madhe, e prerë në kubikë

- 2/3 filxhan cilantro të freskët të copëtuar

- 1/2 filxhan qepë të bardhë të grirë

- 1 lugë gjelle lëng limoni të freskët

- 1 lugë çaji hudhër të grirë

- 1/2 lugë çaji kripë

Drejtimet

a) Kombinoni përbërësit e marinadës në një tas të vogël. Vendosni biftekët e viçit dhe marinadën në një qese plastike të sigurt për ushqim; ktheni biftekët në pallto. Mbyllni mirë qesen dhe marinoni në frigorifer për 15 minuta deri në 2 orë.

b)

c) Hiqni bifteket nga marinada; hidhni marinadën. Vendosni bifteket në rrjetë mbi qymyr mesatar, të mbuluar me hi. Grini, të mbuluar, 10 deri në 14 minuta (mbi nxehtësinë mesatare në skarë me gaz të nxehur më parë, 12 deri në 16 minuta) për gatishmëri mesatare të rrallë (145°F) deri në mesatare (160°F), duke e kthyer herë pas here.

d) Ndërkohë kombinoni përbërësit salsa me avokado në një tas mesatar. Le menjane.

e) Vendosni tortillat në rrjetë. Piqeni në skarë derisa të ngrohet dhe të skuqet pak. Hiq; mbaje ngrohtë.

f) Gdhendni biftekun në feta. Shërbejeni në tortilla me salsa avokado. Hidhni sipër qepë, cilantro dhe copa lime sipas dëshirës.

53. Torta të vogla taco viçi

Bën 30 tartlet të vogla

Përbërës

- 12 ons mish viçi të bluar (95% të ligët)

- 1/2 filxhan qepë të copëtuar

- 1 thelpi hudhër, e grirë imët

- 1/2 filxhan salcë taco të butë ose mesatare të përgatitur

- 1/2 lugë çaji qimnon i bluar

- 1/4 lugë çaji kripë

- 1/8 lugë çaji piper

- 2 pako (2,1 ons secila) mini predha të ngrira (gjithsej 30 predha)

- 1/2 filxhan përzierje djathi meksikan të copëtuar me yndyrë të reduktuar

- **Mbushjet:** Marule e grirë, domate rrushi ose qershi të prera në feta, guacamole, salcë kosi me pak yndyrë, ullinj të pjekur në feta

Drejtimet

a) Ngroheni furrën në 350°F. Nxehni tiganin e madh që nuk ngjit mbi nxehtësinë mesatare derisa të nxehet. Shtoni mishin e grirë, qepën dhe hudhrën në një tigan të madh që nuk ngjit mbi nxehtësinë mesatare për 8 deri në 10 minuta, duke e ndarë mishin e viçit në copa të vogla dhe duke e trazuar herë pas here. Hidhni pikat, nëse është e nevojshme.

b) Shtoni salcën taco, qimnon, kripë dhe piper; gatuajeni dhe përzieni 1 deri në 2 minuta ose derisa përzierja të nxehet.

c)

d) Vendosni lëvozhgat e fijeve në një fletë pjekjeje me buzë. Hidhni përzierjen e viçit në mënyrë të barabartë në lëvozhgë. Mbushni në mënyrë të barabartë me djathë. Piqni 9 deri në 10 minuta ose derisa lëvozhgat të jenë të freskëta dhe djathi të shkrihet.

e) Sipër tartletat me marule, domate, guacamole, salcë kosi dhe ullinj sipas dëshirës.

54. Një tenxhere taco djathë

Bën 30 tartlet të vogla

Përbërës

- 1 kile mish viçi pa yndyrë
- 1 qepë e verdhë e madhe, e prerë në kubikë
- 2 kunguj të njomë të mesëm, të prera në kubikë
- 1 spec zile të verdhë, të prerë në kubikë
- 1 pako erëza tako
- 1 kanaçe domate të prera në kubikë me djegës të gjelbër
- 1 1/2 filxhan djathë çedër të grirë ose Monterey jack
- Qepë të njoma për zbukurim
- Tortila me marule, oriz, miell ose misër për servirje

Drejtimet

a) Nxehni tiganin e madh që nuk ngjit mbi nxehtësinë mesatare derisa të nxehet. shtoni mish viçi, qepë,

b) kungull i njomë dhe piper i verdhë; Gatuani 8 deri në 10 minuta, duke u copëtuar në thërrime të vogla dhe duke e përzier herë pas here. Hidhni pikat nëse është e nevojshme.

c) Shtoni erëza taco, 3/4 filxhan ujë dhe domate të prera në kubikë. Ulni nxehtësinë në të ulët dhe ziejini për 7 deri në 10 minuta.

d) Hidhni sipër djathin e grirë dhe qepët e njoma. Mos e përzieni.

e) Kur djathi të jetë shkrirë, shërbejeni mbi një shtrat me marule, oriz ose në tortilla me miell ose misër!

55.   <u>Skirt biftek rrugë tacos</u>

Bën 6 taco

Përbërës
- 1 biftek fundesh, i prerë në pjesë 4 deri në 6 inç (1-1/2 deri në 2 paund), i prerë nëpër kokërr në shirita të hollë
- 12 tortilla misri gjashtë inç
- 1/2 lugë çaji kripë
- 1/4 lugë çaji piper i kuq
- 1/2 lugë çaji pluhur hudhër
- 1/2 lugë çaji hudhër të grirë
- 1 lugë çaji vaj
- 1 filxhan qepë të prerë në kubikë
- 1/2 filxhan gjethe cilantro, të prera përafërsisht
- 2 gota lakër të kuqe të prera hollë

Vinaigrette Cilantro Lime:
- 3/4 filxhan gjethe cilantro
- Lëng nga 2 lime
- 1/3 filxhan vaj ulliri
- 4 lugë çaji hudhër të grirë
- 1/4 filxhan uthull të bardhë
- 4 lugë çaji sheqer
- 1/4 filxhan qumësht
- 1/2 filxhan salcë kosi

Drejtimet
a) Ngrohni vajin mbi nxehtësinë mesatare. Sezoni biftekun e prerë me kripë, piper kajen dhe pluhur hudhre. Shtoni biftekun në tigan dhe skuqeni derisa të gatuhet (8 deri në 10 minuta). Shtoni hudhrën dhe

skuqeni 1 deri në 2 minuta më shumë, derisa hudhra të jetë aromatik. E heqim nga zjarri dhe e presim biftekun.
b) Përziejini të gjithë përbërësit për vinegrette. Shtoni përzierjen në një blender dhe pulsoni derisa të jetë e qetë, rreth 1 deri në 2 minuta.
c) Mbushni tortillat e ngrohta të misrit (përdorni dy për taco) me biftek, qepë, cilantro të copëtuar dhe lakër. Spërkateni me vinegrette dhe shërbejeni.

SUPPA DHE SALALATA

56. Sopa Tarasca

4 porcione

Përbërësit

Për shiritat e tortillas
- 2 tortilla, të prera në shirita rreth 2 inç të gjatë dhe 1/8 inç të gjerë
- vaj për skuqjen e shiritave të tortiljes

Për supën
- 1 luge vaj
- 2/3 filxhan qepë të bardha të copëtuara
- 2 thelpinj hudhër, të prera përafërsisht
- 2-1/4 gota domate të grira pa kripë me lëng
- 1 lugë gjelle pluhur i pastër ancho chile
- Përafërsisht 5 gota supë pule me pak natrium
- 2 gjethe dafine
- 1/2 lugë çaji trumzë e thatë e plotë
- 1/4 lugë çaji borzilok
- 1/4 lugë çaji gjethe rigon të thatë
- 1 lugë çaji kripë, ose sipas shijes
- 1 filxhan afresk queso të grirë, ose zëvendësoni mocarelën e freskët
- Hiqen 2 speca djegës ancho, kërcellin dhe farat, të prera në gjysmë dhe të ziejnë në ujë për 15 minuta
- 1/4 filxhan salcë kosi
- 1 qepë jeshile, e grirë (vetëm pjesa e gjelbër)

Drejtimet

a) Skuqni shiritat e tortillas. Ngrohni rreth 2 inç vaj në një tenxhere me madhësi mesatare në rreth 350°F. Skuqini shiritat e tortiljes derisa të jenë të freskëta. Kullojeni në peshqir letre dhe rezervoni.

b) Bëni supën. Ngroheni një tigan mbi nxehtësinë mesatare, shtoni vajin dhe skuqni qepët dhe hudhrat derisa qepët të jenë të buta, por jo të skuqura, për 4-5 minuta. Vendosini ato në një blender; Shtoni domatet me lëngun e tyre dhe pluhurin e djegës dhe bëni pure.

c) Shtoni një filxhan ose 2 lëng mishi (çfarëdo që të përmbajë blenderi juaj), pulsoni për ta përzierë dhe më pas hidheni përzierjen në një tenxhere.

d) Shtoni lëngun e mbetur, gjethet e dafinës, trumzën, borzilokin, rigonin dhe kripën në tenxhere. Lëreni të vlojë dhe ziejini për 15 minuta.

e) Shërbejeni supën. Vendosni 1/4 filxhan djathë dhe 1/2 chile të butë ancho në secilën prej katër tasave. Hidhni supën mbi djathë dhe lyeni me salcë kosi, shirita tortilla dhe qepë të gjelbër.

57. Supë me fasule të zezë

Përbërësit

- 1/2 lugë gjelle vaj ulliri ekstra të virgjër
- 1/2 filxhan qepë të bardhë të copëtuar
- 3 thelpinj hudhër, të prera përafërsisht
- 1 ancho chile shume e vogel, e prere dhe e grire ne copa te vogla, ose 1/2 kili me i madh
- 1 lugë çaji çipotle të copëtuar
- 1 (15 ons) kanaçe fasule të zeza të pakripura, duke përfshirë kripën e lëngshme 1/2 lugë çaji
- 3 gota lëng pule me pak natrium
- 1/4 lugë çaji qimnon i bluar
- 1/2 lugë gjelle cilantro të copëtuar
- 1 degëz epazote (opsionale)
- 1/2 lugë çaji piper i ëmbël spanjoll i tymosur 1/2 lugë çaji kripë, nëse përdorni fasule të pakripura 1/4 lugë çaji piper i zi i bluar imët 1 lugë çaji lëng gëlqereje të freskët të shtrydhur
- 1 lugë gjelle sheri të thatë

Drejtimet

a) Bëni supën. Ngrohni vajin e ullirit në një tenxhere me madhësi mesatare mbi nxehtësinë mesatare derisa të shkëlqejë. Shtoni qepën dhe gatuajeni derisa të jetë thjesht e butë, por jo e skuqur.

b) Shtoni hudhrën dhe gatuajeni edhe një minutë, më pas shtoni të dy specat djegës dhe vazhdoni të gatuani, duke e përzier shpesh, 1-1/2-2 minuta.

c) Shtoni përbërësit e mbetur përveç lëngut të limonit dhe sherit, lërini të ziejnë, të mbuluar pjesërisht dhe ziejini për 10 minuta.

d) Lëreni përzierjen të ftohet. Hiqeni dhe hidhni epazotin nëse e përdorni. Hidhni përbërësit në një blender dhe përziejini për 2 minuta, ose derisa të bëhen pure, në 2 tufa nëse është e nevojshme.

e) Kthejeni supën në tenxhere, lëreni të ziejë, përzieni lëngun e limonit dhe sherin dhe shërbejeni.

58. Supë e stilit Tlapan

6 racione

Përbërësit
- 2 domate, te ziera
- 6 gota supë pule me pak natrium
- 1/2 kile gjoks pule pa kocka dhe pa lëkurë 1 lugë gjelle vaj ulliri ekstra të virgjër 1 filxhan qepë të bardhë të grirë imët
- 2 thelpinj hudhre, te grira
- 3/4 filxhan karota të qëruara dhe të grira hollë
- 1-1/2 filxhan fasule garbanzo, të kulluara dhe të shpëlarë
- 1 filxhan kungull i njomë i grirë hollë
- 1/2 filxhan bizele jeshile të ngrira, të shkrira
- 1 chili chipotle të thata, ose një çipotle plus 1 lugë çaji salcë adobo
- 1 lugë çaji lëng gëlqereje të shtrydhur fllad 1/4 lugë çaji piper i zi i bluar imët 1/4 lugë çaji kripë, ose sipas shijes
- 1 avokado mesatare e pjekur, e prerë në copa 1/2 inç 1/4 filxhan djathë cotija të grirë (opsionale) copa lime

Drejtimet

a) Përgatisni domatet. Pureini domatet në një blender ose përpunues ushqimi dhe kalojini përmes tehut të imët të një mulli ushqimi ose shtyjini ato përmes një sitë. Rezervë.

b) Gatuani dhe grijeni pulën. Vendoseni lëngun e mishit dhe gjoksin e pulës në një tenxhere të madhe, lëreni të ziejë dhe gatuajeni vetëm derisa pula të jetë gatuar, rreth 10 minuta. Hiqni pulën dhe rezervoni lëngun.
c) Kur mishi i pulës të jetë ftohur mjaftueshëm për ta trajtuar, copëtojeni dhe ndajeni në katër tas supë.

d) Bëni supën. Nxehni një tenxhere të madhe mbi nxehtësinë mesatare. Shtoni vajin e ullirit dhe qepët dhe skuqini derisa qepët të kenë filluar të skuqen, rreth 5 minuta. Shtoni hudhrën dhe gatuajeni edhe për 1 minutë. Shtoni lëngun e rezervuar dhe përbërësit e mbetur përveç avokados dhe djathit dhe ziejini për 8-10 minuta.
e) Përfundoni dhe shërbejeni supën. Hiqni kilin dhe hidhni supën mbi pulën e gatuar. Shtoni pjesë të barabarta të avokados në çdo tas dhe sipër me pak djathë, nëse dëshironi. Shërbejeni me copa lime anash.

59.   Supë Puebla

4 racione gjysmë filxhani

Përbërësit
- 2-1/2 lugë vaj gatimi
- 4 ons patate të qëruara dhe të copëtuara
- 3-1/4 gota supë pule me pak natrium
- 1 filxhan qepë të bardhë të copëtuar
- 2 gota kunguj të njomë të qëruar dhe të copëtuar
- 3/4 filxhan chili Poblano të pjekur, të qëruar, me fara dhe të copëtuara
- 1/4 e lugës së madhe trumzë të thatë
- 1/4 e lugës së vogël kripë
- 3/4 filxhan qumësht 2%.
- 2 oce qumësht i skremuar

Drejtimet
a) Gatuani patatet dhe bëni lëngun. Nxehni një tenxhere mbi nxehtësinë mesatare. Shkrini 1/2 lugë gjelle vaj gatimi dhe shtoni patatet.
b) Kaurdisni patatet derisa të fillojnë të zbuten, por mos i lini të skuqen, 4-5 minuta. Shtoni 1-1/4 filxhan lëng mishi në tenxhere, mbulojeni dhe ziejini për 5 minuta.
c) Hidhni lëngun dhe patatet në një blender, përziejini për rreth 2 minuta. Shtoni lëngun e mbetur dhe pulsin për ta kombinuar.

d) Gatuani perimet. Në zjarr mesatar shkrini vajin e mbetur të gatimit në të njëjtën tenxhere në të cilën keni gatuar patatet. Hidhni qepët dhe kungull i njomë dhe ziejini derisa qepët të jenë të buta, por jo të skuqura, rreth 5 minuta.

e) Bëni supën. Shtoni pjesën tjetër të specit djegës, trumzën, kripën dhe patatet e përziera dhe lëngun e mishit te perimet dhe ziejini për 5 minuta. Hidhni qumështin dhe ziejini për 5 minuta të tjera.

60. <u>**Sallatë me patate**</u>

4 porcione

Përbërësit
Për veshjen
- 1/8 lugë çaji kripë
- 1/4 lugë çaji piper
- 2 lugë vaj ulliri ekstra të virgjër
- 1 lugë gjelle qiqra të grira hollë
- 1 lugë majdanoz i grirë hollë
- 1 lugë gjelle cilantro të grirë hollë

Për sallatën
- 1-1/4 gota karota të qëruara të prera në kubikë, copa 1/2 inç
- 2-1/2 gota patate të qëruara dhe të prera në kubikë, copa 1/2 inç
- 2 ons chorizo, lëkura e hequr, e prerë imët
- 1 Çile Serrano, farat dhe damarët e hequr, të grirë
- 1 avokado mesatare në të madhe, e prerë në copa 1/2 inç (opsionale)

Drejtimet
a) Bëni veshjen. Në një enë përzieni kripën dhe piperin. Shtoni vajin e ullirit në një rrjedhë të ngadaltë, duke e përzier vazhdimisht për të krijuar një emulsion, më pas shtoni qiqrat, majdanozin dhe cilantron dhe përzieni mirë.

b) Gatuani patatet dhe karotat. Lërini 6 gota ujë të ziejnë. Shtoni kripën dhe karotat dhe ziejini derisa karotat të jenë shumë të buta, por jo të skuqura. Hiqni karotat e gatuara me një sitë dhe shpëlajini me ujë të ftohtë të rrjedhshëm për të ndaluar zierjen.

c) Gatuani patatet në të njëjtin ujë derisa të zbuten shumë, por jo të skuqen dhe kullojini në një kullesë. Shpëlajeni me ujë të ftohtë të rrjedhshëm për të ndaluar gatimin.

d) Gatuani chorizo-n. Nxehni një tigan që nuk ngjit mbi nxehtësinë mesatare dhe shtoni chorizo-n. Sapo të fillojë të ziejë, shtoni Serranon dhe vazhdoni zierjen, duke e trazuar dhe copëtuar chorizo-n me një lugë plastike ose druri, derisa të marrë ngjyrë të artë dhe të fillojë të skuqet.

e) Përfundoni sallatën. Kur të ketë mbaruar chorizo, hiqeni tiganin nga zjarri. Lëreni të ftohet për 1 minutë, më pas përzieni karotat dhe patatet e rezervuara.

f) Grini gjithçka në një tas me madhësi mesatare, shtoni salcën dhe avokadon, nëse përdorni, dhe përzieni butësisht, por tërësisht.

61. Sallatë e prodhuesit të tekilës

4 porcione

Përbërësit

Për veshjen
- 2 lugë sangrita
- 1 lugë gjelle plus 2 lugë çaji lëng gëlqereje të freskët të shtrydhur
- 1/4 filxhan vaj ulliri ekstra të virgjër
- Kripë për shije
- 3/4 lugë çaji piper i zi i sapo bluar, ose sipas shijes

Për sallatën
- 1 filxhan nopalitos, i pjekur në kripë ose i zier derisa të zbutet
- 2 gota fasule garbanzo, të lara dhe të kulluara
- 2 gota spinaq të freskët, të paketuar
- 1 domate e madhe, e prerë në copa sa një kafshatë
- 1 avokado e madhe ose 2 të vogla të grira
- 2 qepë të njoma, të grira hollë
- 1/4 filxhan cilantro të grirë
- 4 ounces queso afresk

Drejtimet

a) Bëni veshjen. Në një tas të vogël ose të mesëm, përzieni sangritën dhe lëngun e limonit.

b) Vazhdoni të përzieni fuqishëm ndërsa shtoni vajin e ullirit në një rrjedhë të ngadaltë, derisa salca të emulsifikohet. Përzieni kripën dhe piperin.

c) Bëni sallatën. Kombinoni të gjithë përbërësit e sallatës në një tas të madh. Shtoni salcën dhe përzieni mirë.

62. Ensalada de col

Përbërësit

Për veshjen
- 2 lugë gjelle plus
- 2 lugë çaji kripë
- 1/2 lugë çaji piper i zi i bluar imët 1/3 filxhani vaj

Për sallatin
- 12 ons lakër jeshile të prerë shumë imët ose të grirë
- 6 ons lakër vjollce të prera shumë imët ose të grirë
- 4 ons karota të qëruara të copëtuara

Drejtimet

a) Bëni veshjen. Rrihni së bashku kripën dhe piperin, më pas përzieni vajin në një rrjedhë të ngadaltë.

b) Bëni sallata. Kombinoni përbërësit e sallatave në një tas të madh dhe hidhini me salcë. Lëreni salcën në temperaturën e dhomës për 3 deri në 4 orë, duke e trazuar çdo gjysmë ore. Në fund të asaj kohe, lakra do të jetë zbutur dhe shijet do të jenë shkrirë.

c) Hidheni sallatin në një kullesë të madhe për të kulluar lëngun e tepërt (dhe kripën) dhe vendoseni në frigorifer derisa të jetë gati për t'u shërbyer, duke derdhur herë pas here çdo lëng të tepërt.

d) Sallata ruhet në frigorifer për rreth një javë.

Tostadas

63. Tostada bazë

4 racione, 2 tostada secila

Përbërësit
- 8 predha tostada tortilla
- 1/2 filxhan Fasule të skuqura
- 3/4 filxhan mbushje Chorizo, patate dhe karrota
- 1 filxhan marule e grire
- 3/4 filxhan domate të copëtuara
- 2 lugë djathë dhie të grirë
- Salsa

Drejtimet
a) Vendosni 2 lëvozhga tostada në secilën nga katër pjatat dhe shpërndani rreth 2 lugë fasule në secilën prej tyre.
b) Sipër shtoni sasi të barabarta të mbushjes me Chorizo, patate dhe karrota, marule, domate dhe djathë dhe shërbejeni me salsa.

64. Gorditas me patate

Rreth 16 Gorditas

Përbërësit
- 14 ons masa të përgatitura për tortilla, ose 1-1/2 filxhan Maseca dhe 1 filxhan plus 1 lugë gjelle ujë
- 9 ons patate të qëruara (të peshuara pas qërimit), të prera në copa 1-1/2 inç
- 2 lugë çaji vaj gatimi, plus llak gatimi për skuqjen e Gorditas
- 1/2 lugë çaji kripë
- Pico de Gallo, ose salsa juaj e preferuar
- 1/2 filxhan guacamole

Drejtimet
a) Përgatitni masën. Nëse jeni duke përdorur Maseca për tortilla, vendosni 1-1/2 filxhan në një tas me madhësi mesatare dhe përzieni 1 filxhan plus 1 lugë gjelle ujë me një lugë druri. Ziejeni brumin për rreth 2 minuta, ose derisa të jetë mjaft i butë, më pas lëreni të pushojë për 30 minuta, të mbuluar me mbështjellës plastik, në mënyrë që të hidratohet plotësisht.
b) Brumi duhet të peshojë rreth 14 ons.
c) Gatuani patatet dhe përfundoni brumin. Vendosini patatet në një tenxhere, mbulojini me disa centimetra ujë dhe ziejini derisa të shpohen lehtësisht me thikë.
d) Kulloni patatet dhe vendosini në një patate ose grijini tërësisht. Hidhni vajin e gatimit dhe kripën. Për të përfunduar brumin, kombinoni 14 ons tortilla masa dhe përzierjen e patateve të grira.

e) Formoni Gorditat. Shtroni copa 1-1/2 ons të brumit në rrathë. Ato duhet të jenë midis 1/8- dhe 1/4-inç të trashë. Ngrohni një tigan që nuk ngjit mbi nxehtësinë mesatare (rreth 350°-375°F nëse keni një termometër lazer).

f) Shtoni mjaft llak gatimi për të filmuar sipërfaqen dhe gatuajeni brumin derisa të fillojë të marrë ngjyrë kafe të artë në fund, rreth 4 minuta. Ktheni gorditat dhe gatuajeni edhe 4 minuta nga ana tjetër.

g) Mbushini ato me pak Pico de Gallo, Guacamole, ose pothuajse çdo gjë tjetër që ju pëlqen dhe shërbejeni.

65. Tostada me mish viçi

Rendimenti: 4 racione

Përbërës
- Shërbejini tostadat të hapura me salcë kosi ose salsa.
- 4 tortilla të mëdha me miell
- 1 kile mish viçi pa yndyrë
- 1 qepë secila, të prera
- 1 çdo piper jalapeno, i prerë dhe i prerë në kubikë
- 1 çdo thelpi hudhër, të grirë
- 1 lugë spec djegës pluhur
- 1 lugë çaji qimnon i bluar
- $\frac{1}{4}$ lugë çaji kripë
- piper piper
- 1 domate e madhe, e prerë me fara dhe e prerë
- 1 filxhan secila: marule e grirë

Drejtimet
a) Tortillat Peirce në disa vende; Vendoseni secilën në mikrovalë në raft në temperaturë të lartë për 1-$\frac{1}{2}$ deri në 2 minuta ose derisa të jenë mezi të freskëta, duke e kthyer dhe rrotulluar një herë.
b) Vendoseni në pjata me mikrovalë. Në një tas me 8 gota, grijeni mishin e viçit, shtoni qepën, jalapeno dhe hudhrën. Vendoseni në mikrovalë në temperaturë të lartë, duke e përzier shpesh, për 3-5 minuta ose derisa mishi të mos jetë më rozë. Përziejini me pluhur djegës, qimnon, kripë dhe piper. Shtoni domaten, vendoseni në mikrovalë në temperaturë të lartë për 1-2 minuta ose derisa të nxehet. Me një lugë të prerë, ndajeni në tortilla, spërkatni me marule, pastaj djathë.

c) Vendoseni secilën në mikrovalë në temperaturë të lartë për 30-60 sekonda ose derisa djathi të shkrihet.

66. Tostada e pulës Chipotle

Rendimenti: 4 racione

Përbërës
- 2 gjokse pule te plota, pa kocka dhe pa lekur
- x Kripë dhe piper
- $1\frac{1}{2}$ filxhan salsa e pjekur Rosarita, medikamentoze.
- $\frac{1}{4}$ filxhan lëng portokalli
- 1 lugë gjelle djegës çipotle të konservuar, të bërë pure
- 2 kanaçe (16 oz. ea.) Rosarita Fasule tradicionale të skuqura pa yndyrë
- 4 predha tostado të mëdha, me flakë, të ngrohura
- 2 gota marule të grisura
- 1 filxhan djathë çedar i grirë me pak yndyrë
- 1 filxhan domate të prera në kubikë
- $\frac{1}{2}$ filxhan salcë kosi me pak yndyrë (ops.)
- $\frac{1}{4}$ filxhan ullinj të zinj të pjekur në feta
- $\frac{1}{4}$ filxhan qepë jeshile të prera në feta

Drejtimet
a) Vendoseni pulën në një enë pjekjeje qelqi të cekët. Spërkateni me kripë dhe piper sipas shijes. Piqni në 350 gradë F për 20 deri në 25 minuta, ose derisa mishi i pulës të ketë marrë një ngjyrë kafe të lehtë dhe të butë. Pritini në shirita ose copëtoni me një pirun. Në një tas të vogël përzierjeje, kombinoni pulën, 1 filxhan salsa Rosarita, lëngun e portokallit dhe specin djegës çipotle; përzieni mirë. Le menjane.

b) Kombinoni fasulet e skuqura Rosarita dhe salsa e mbetur Rosarita në tenxhere. Ngroheni mbi nxehtësinë mesatare 5-7 minuta, duke e përzier shpesh. Vendosni 1 lugë gjelle përzierje fasule të nxehtë në qendër të secilës prej 4 pjatave për servirje.

c) Vendosni predha tostada të ngrohura paraprakisht në një kukull të përzierjes së fasules së nxehtë për të parandaluar lëvizjen.

d) Ndani përbërësit në mënyrë të barabartë midis lëvozhgave të tostadës dhe shtrojini në rendin e mëposhtëm: përzierje fasule, përzierje salsa pule, marule, çedar, domate, salcë kosi, ullinj dhe qepë jeshile.

67. Akullore me qumësht kokosi tostada sundae

Rendimenti: 6 racione

Përbërës
- 1 filxhan shirita kokosi
- 6 gota ëmbëlsirë Tostada
- Salcë ananasi-Anisette

Drejtimet
a) Vendoseni kokosin në një tigan pa yndyrë dhe përziejeni mbi nxehtësinë mesatare derisa të njolloset me njolla kafe të artë, rreth 2 minuta.
b) Për ta mbledhur, vendosni 2 ose 3 lugë akullore me qumësht kokosi në qendër të çdo filxhani tostada.
c) Sipër shtoni salcën me ananisette dhe shirita kokosi të thekur. Hani menjëherë.

68. Tostada me karkaleca me guacamole

Rendimenti: 4 porcione

Përbërës
Guacamole
- 2 avokado të mëdha
- 2 lugë çaji lëng limoni të freskët
- ½ lugë çaji kripë
- 2 qepë të njoma
- 1 domate e vogël e qëruar; të katërta
- 1 thelpi hudhër
- 1 spec djegës djegës të vogël me fara

Karkaleca dhe tostada
- Vaj për tiganisje
- 8 tortilla
- 32 karkaleca të mesme
- 1 kanaçe 16 oz. fasule të skuqura
- 2 luge vaj
- Salsa e freskët
- Tasa të vogla me marule të copëtuara, qepë,
- Afresk Queso
- Majdanoz.

Drejtimet
a) Guacamole: Pritini avokadon në gjysmë dhe hiqni gropat, hiqni mishin e avokados nga lëvozhga dhe vendoseni në procesorin e ushqimit, shtoni lëng gëlqereje, përpunoni derisa të bëhet pure.
b) Përzierjes shtoni kripë, qepë, domate, hudhër dhe piper të vogël djegës dhe përpunoni përsëri derisa të bëhet pure imët. Transferoni në një tas të vogël për ta sjellë në tryezë.

c) Skuqini tortillat: Ngrohni 1" vaj në një tigan të cekët 8"-9". Vendosni tortillat një nga një në vaj dhe skuqini nga secila anë derisa të marrin ngjyrë të artë. Hiqini menjëherë, kullojini në peshqir letre.
d) Grini karkaleca në skarë, përgatitni fasule:
e) Kaloni karkalecat mbi 8 hell 10" dhe grijini mbi qymyr. Ndërsa karkalecat gatuhen, transferojini fasulet e skuqura nga kanaçe në tenxhere
f) Shtoni 2 lugë vaj, përzieni mirë dhe ngrohni në zjarr të ulët. Kur karkalecat të jenë gatuar, hiqni hellin, transferojeni në një pjatë të vogël dhe sillni në tryezë.
g) Vizitorët duhet të bëjnë tostadat e tyre. Përhapeni fasulet e skuqura sipër një tostada të skuqur. Vendosni karkaleca mbi këtë dhe hidhni me lugë pak salsa dhe guacamole mbi karkaleca. Më pas shtoni sipër pak marule, qepë dhe djathë. Spërkateni me majdanoz ose cilantro.

ËSHTIRËS

69. Flan de queso

Rendimenti: 4 porcione

Përbërës
- 4 Vezë të mëdha
- 1 kanaçe (14 Oz) Qumësht i kondensuar; E ëmbëlsuar
- 1 kanaçe (12 Oz.) Qumësht i avulluar
- 6 ons Krem djathi
- 1 lugë çaji Ekstrakt vanilje

Drejtimet
a) Përziejini së bashku vezët, qumështin dhe vaniljen.
b) Zbutni kremin e djathit dhe e përzieni së bashku me përbërësit e tjerë.
c) Kini kujdes që të mos e përzieni tepër kremin e djathit përndryshe do të shkaktojë xhepa ajri në flantë.
d) Përgatitni një karamel duke gatuar ½ filxhan sheqer në zjarr të ulët derisa sheqeri të lëngëzohet. Përdorni një enë metalike për ta bërë këtë.
e) Ktheni karamelin në tavë/ramekin sa të mbulojë fundin.
f) Pasi sheqeri të jetë i fortë, brumin që përgatitët në hapat 1 dhe 2, derdhni në tepsi/ramekin.
g) Vendoseni tiganin/ramekin në një bain-marie. Tava/ramekina në të cilën gjenden përbërësit duhet të zhytet ¾ në ujë.
h) Piqni në 325 gradë Fahrenheit për rreth ½ orë. Fanja bëhet kur një thikë/kruajtëse dhëmbësh e futur në të del e pastër.
i)

70. Bukë mishi meksikan

Rendimenti: 1 porcione

Përbërës
- 1 paund Mishi i bluar
- 1 Vezë
- 1 i vogël Qepë e copëtuar
- Kripë hudhër
- Majdanoz
- ½ filxhan therrime buke
- ½ filxhan Qumështi
- 1 lugë gjelle mustardë
- 2 Kube me bujon viçi
- 1 lugë gjelle Salcë Worcestershire
- 5 Karota por për së gjati
- 1 kanaçe lëng domate
- 2 mediume Patate

Drejtimet
a) Përziejini së bashku mishin e bluar, vezën, qepën, kripën e hudhrës, majdanozin, thërrimet e bukës, qumështin dhe mustardën duke paketuar së bashku fort.
b) Rrotulloni në miell të kalitur me paprika, kripë dhe piper. Kafe në tigan elektrik, duke u skuqur nga të gjitha anët. Shtoni kube bujoni, salcën Worcestershire, karotat, lëngun e domates dhe patatet.
c) Gatuani të gjitha së bashku me mish për rreth 1 orë e 15 minuta, ose derisa të jenë bërë mirë.

71. E shtënë paleta shalqi

Koha e përgatitjes 15 minuta

Përbërësit
- 4 gota Shalqi të prerë në kubikë, pa fara
- ½ filxhan tequila (Corralejo reposado)
- 3 lugë gjelle. Lëng lime, i freskët
- ½ filxhan sheqer ose ëmbëlsues sipas dëshirës tuaj
- 10 lugë. Pluhur Kili Tajin

Drejtimet
a) Vendosni shalqinin, tekilën, lëngun e limonit dhe sheqerin në blender dhe përpunoni derisa të jenë të lëmuara.
b) Vendosni 1 lugë. pluhur kili në fund të çdo myku të lulekuqit.
c) Hidheni përzierjen e shalqinit në kallëpe, mbështillni kapakët, vendosni shkopinjtë e lulekuqit dhe ngrini brenda natës.

72. Carlota de Limon

Servings: 8 Servings

Përbërësit
- 1 pako (16 oz.). Tofu i mëndafshtë (i butë)
- 1/3 filxhan qumësht bajame, pa sheqer
- 1 filxhan Sheqer, ose ëmbëlsuesi juaj i preferuar
- 1/3 filxhan lëng limoni, i freskët
- 2 pako (mëngë) biskota Vegan Maria

Drejtimet
a) Vendosni tofu, sheqerin dhe qumështin e bajames në blender. Ndezni blenderin në temperaturë të ulët dhe shtoni lëngun e limonit gradualisht, derisa masa të trashet dhe të mbulojë pjesën e pasme të një luge.
b) Fundin e një ene qelqi 8×8 lyeni me letër furre, shtoni një krem lime dhe mbulojeni me një shtresë biskotash dhe sipër hidhni pak nga masa e kremit të gëlqeres; sa për t'i mbuluar, por jo për t'i mbytur.
c) Përsëriteni këtë proces duke shtuar një shtresë tjetër biskotash dhe më pas duke e mbuluar me kremin e lime, përsërisni derisa të gjithë masa e kremit të lime dhe biskotat të jenë harxhuar.
d) MOS SHTYPNI POSHT BOKESIT. Ju dëshironi një shtresë të mirë krem lime në mes të biskotave dhe duke i shtypur ato me shtytje kremin lime anash.
e) Vendoseni tortën në frigorifer për të paktën 4 orë ose derisa të ketë qëndruar.
f) Përmbysni enën e pjekjes në një pjatë. Qëroni me kujdes pergamenën.

73. <u>Slushie mango dhe chamoy</u>

Porcionet: 2 racione

Përbërësit

Chamoy
- 1 filxhan kajsi të thata
- 2 gota ujë
- 2-3 lugë gjelle. Pluhur chili ancho
- 2 lugë gjelle. Lëng lime, i freskët

Slushie
- 1 filxhan + 2 lugë gjelle. Mango, e prerë në kubikë
- 1 filxhan akull
- 6 lugë gjelle. Chamoy
- 1 Lime, lëng prej
- Pluhur Kili për shije (tajín)

Drejtimet

a) Për të bërë kamonë, vendosni kajsitë e thata dhe ujin në një tenxhere dhe lërini të vlojnë. Uleni zjarrin dhe ziejini për 30 minuta. Le menjane.

b) Rezervoni $\frac{3}{4}$ e një filxhani me lëngun e gatimit të kajsisë.

c) Merrni kajsitë e ziera, lëngun e rezervuar për gatim, pluhurin e ankos, lëngun e limonit dhe përziejini derisa të jenë të lëmuara. Shtoni pak a shumë ujë për një konsistencë më të hollë ose më të trashë. (Unë e lashë timen pak në anën e trashë.) Lëreni të ftohet.

d) Për ta bërë atë të lagur, vendosni $\frac{1}{2}$ filxhan mango në fund të enës së blenderit, shtoni një shtresë akulli, vazhdoni të alternoni shtresat në këtë mënyrë me pjesën tjetër të akullit tuaj dhe 1 filxhan mango.

e) Përziejini me shpejtësi mesatare derisa të mbeteni me një konsistencë të butë. Copat e akullit, edhe pse të vogla, duhet të shihen ende.
f) Për ta mbledhur, merrni në gota dhe derdhni në një lugë gjelle. prej kamoje në fund të secilit. Shtoni një shtresë mango slushy, e ndjekur nga një lugë tjetër. e egër. Përsëriteni edhe një herë.
g) Spërkatni 1 lugë gjelle. mango të prerë në kubikë në majë të çdo slushy të përfunduar. Shtrydhni gjysmën e një gëlqereje në çdo gotë dhe sipër me pluhur djegës sa të dëshironi. Shërbejeni me një lugë dhe një kashtë.
1.

74. Mousse de çokollatë

Rreth 10 racione çerek filxhani

Përbërësit
- 1 kile tofu mëndafshi ose i butë
- 1 lugë çaji ekstrakt vanilje
- 1 lugë gjelle mjaltë
- 3/4 lugë çaji pluhur i pastër ancho chile 1/8 lugë çaji kripë
- 1/4 e lugës së madhe kanellë
- 5-1/4 ons çokollatë të zezë të prerë në copa shumë të vogla
- 3 lugë Kahlua, Grand Marnier, zëvendësues Cointreau, ose trefishtë sec, ose lëng portokalli

Drejtimet
a) Vendosni tofu, vaniljen, mjaltin, pluhurin e kilit, kripën dhe kanellën në tasin e një përpunuesi ushqimi të pajisur me tehun e çelikut.
b) Vendosni një tas inox mbi një tenxhere të vogël ose mesatare me ujë të zier. Shtoni në tenxhere çokollatën dhe likerin ose lëngun e portokallit dhe i përzieni shpesh me lugë druri derisa çokollata të shkrihet plotësisht, 1-2 minuta.
c) Shtoni përzierjen e çokollatës në procesorin e ushqimit dhe përpunojeni me përbërësit e tjerë për 1 minutë, duke ndaluar sipas nevojës për të kruar anët e tasit. Hidheni përzierjen në një tas të madh ose në pjata të vogla të veçanta për servirje.
d) Mbulojeni me mbështjellës plastik dhe ftohni për disa orë.

75. <u>Banane dhe Mandarin me salcë vanilje</u>

4 servirje çerek filxhani

Përbërësit

Për salcën e kremës
- 1/4 lugë çaji kanellë
- 2 gota qumësht soje me shije vanilje
- 1 lugë gjelle vaj gatimi
- 2 lugë gjelle nektar agave
- 1/2 lugë çaji ekstrakt vanilje
- 1/4 lugë çaji kripë

Te mbaroj
- 3 gota banane të prera në kubikë
- 1 filxhan portokall mandarine

Drejtimet
a) Bëni salcën e kremës. Vendosni kanellën në një tenxhere të vogël dhe përzieni qumështin e sojës një lugë gjelle ose 2 nga një derisa të kombinohen mirë.
b) Përzieni pjesën tjetër të qumështit në një rrjedhë të hollë dhe shtoni vajin e gatimit. Lëreni të vlojë dhe ziejini derisa të trashet në masën e kremës së lehtë, rreth 10 minuta.
c) Përfundoni ëmbëlsirën. Lëreni salcën të piqet pak dhe hidheni mbi frutat e prera.

76. Sorbete de Xhamajka

5 racione gjysmë filxhani

Përbërësit
- 2-1/2 gota gjethe të thara Xhamajka (të disponueshme në sendet ushqimore hispanike)
- 1 litër ujë
- 1/2 ons xhenxhefil të freskët, të grirë imët 1 filxhan sheqer
- 1 lugë gjelle lëng gëlqereje të freskët të shtrydhur
- 2 lugë limoncello

Drejtimet
a) Bëni çajin. Vendosni gjethet e Xhamajkës në një tenxhere ose enë, lëreni ujin të ziejë dhe derdhni sipër gjetheve. Mbulojeni dhe ziejini për 15 minuta. Kullojeni çajin dhe hidhni Xhamajkën.
b) Bëni bazën e sherbetit. Hidheni xhenxhefilin në një blender, shtoni 1 filxhan çaj dhe përzieni derisa të bëhet pure plotësisht, 1-2 minuta. Shtoni edhe 1-1/2 filxhan çaj dhe përzieni sërish.
c) Në një tenxhere hedhim bazën e sherbetit, shtojmë sheqerin dhe e lëmë të vlojë duke e trazuar që të tretet sheqeri. E heqim tenxheren nga zjarri sapo baza e sherbetit të marrë valë. Hidhni lëngun e limonit dhe ftohuni. Vendoseni bazën në frigorifer derisa të arrijë 60°F.
d) Ngrijeni sherbetin. Shtoni limoncellon në bazën e ftohur dhe hidheni në një akulloret. Ngrijeni sipas udhëzimeve të prodhuesit derisa të jetë i ngrirë, por ende i lëmuar, 20-30 minuta.

77. Mango të pjekura në skarë

4 porcione

Përbërësit
- 4 mango të pjekura
- 3 lugë çaji nektar agave, ose zëvendësoni spërkatjen e sheqerit
- Pykat e gëlqeres

Drejtimet
Ngrohni një skarë në temperaturë të lartë ose ngrohni një tigan me skarë mbi nxehtësinë e lartë.
a) Pritini mangot në feta. Është gjithmonë e vështirë të dihet saktësisht se ku janë farat e mangos, kështu që prova dhe gabimi është zgjidhja më e mirë. Qëllimi është të presim mangon në copa sa më të mëdha që të mos përfshijnë farën. Vendosni një mango në anën e saj dhe priteni në gjysmë, jashtë qendrës, që të humbasë fara.
b) Pritini tre anët e tjera të mangos në të njëjtën mënyrë. Më pas, ndani frutat në katrorë rreth 1/2 inç.
c) Duke e prerë frutat vetëm në lëkurë, por jo përmes saj. Bëni prerjet një gjysmë inç larg njëra-tjetrës, më pas bëni të njëjtën mënyrë në anën tjetër për të krijuar dizajnin e kryqëzuar.
d) Përgatitni mangot e prera në feta. Lyejeni me pak nektar agave në sipërfaqet e prera të secilës mango dhe më pas spërkatni me pak llak gatimi.
e) Ziejini mangot, me anën e mishit poshtë, për një minutë ose 2, ose vetëm derisa të skuqen me shenja grili, por mos i gatuani derisa të jenë të buta dhe të nxehen plotësisht.

f) Është e rëndësishme të ruash strukturën e fortë dhe kontrastin midis sipërfaqes së nxehtë dhe brendësisë më të freskët.

g) Shërbejini mangot me pykat e limonit.

78. Puding i shpejtë me fruta

4 porcione

Përbërësit
- 2 banane, të qëruara, të prera në copa 1/2 inç dhe të ngrira në një fletë letre alumini
- 3 gota mango të qëruar dhe të copëtuar, ose një frut tjetër
- 2 lugë gjelle lëng limoni të freskët të shtrydhur
- 2 lugë çaji nektar agave
- 1/8 lugë çaji kripë
- gjethe menteje

Drejtimet
a) Vendosni të gjithë përbërësit në tasin e një përpunuesi ushqimi të pajisur me tehun e çelikut ose në një blender dhe përpunojini derisa të bëhen të lëngshme, të lëmuara dhe kremoze.
b) Dekoroni me nenexhik.

79. Banane të pjekura në skarë në salcë kokosi

4 porcione

Përbërësit
- 1/2 filxhan lite qumësht kokosi
- 2 lugë gjelle nektar agave
- 1 lugë gjelle ujë
- 4 banane, të qëruara

Drejtimet
a) Bëni salcën e kokosit. Sillni qumështin e kokosit dhe nektarin e agave të ziejnë në një tenxhere të vogël.
b) Ziejini bananet dhe shërbejini. Ngrohni një skarë ose tigan në skarë.
c) Lyejini bananet me pak salcë kokosi, duke rezervuar pjesën e mbetur dhe skuqini në skarë nga të dyja anët derisa të kenë shenja grilli dhe sapo të fillojnë të zbuten. Mos i ziejini shumë, përndryshe do të copëtohen.
d) Shërbejini bananet të lyera me pak më shumë salcë.

80. Sherbeti i mangos

8 racione të filxhanit të tretë

Përbërësit
- 2-1/2 gota mango të qëruara, të prera dhe të copëtuara
- 3-1/2 lugë sheqer
- Skanoni 2/3 filxhani ujë
- 1/2 lugë çaji kanellë
- 1/2 lugë çaji spec i grirë
- 1 lugë limoncello

Drejtimet
a) Përziejini të gjithë përbërësit derisa të bëhen pure.
b) Hidheni purenë në një prodhues akulloreje dhe ngrijeni sipas udhëzimeve të prodhuesit.
c) Zakonisht zgjat nga 15 deri në 20 minuta.

81. Flan

6 racione prej katër ons

Përbërësit
- 1 filxhan qumësht të avulluar pa yndyrë
- 1 filxhan qumësht 2%.
- 1/4 filxhan qumësht të kondensuar pa yndyrë
- 1 lugë çaji ekstrakt vanilje
- 2 vezë të mëdha
- 4 të bardha veze nga vezët e mëdha
- llak gatimi
- 6 lugë çaji nektar agave

Drejtimet
a) Ngrohni furrën tuaj në 325°F.
b) Bëni bazën e flanit. Kombinoni përbërësit, përveç spërkatjes së gatimit dhe nektarit të agave, në një blender dhe përziejini derisa të bashkohen plotësisht, rreth 1 minutë.
c) Përgatisni tasin për pjekje. Spërkatni gjashtë ramekin 4 ons të sigurta për furrë me pak llak gatimi dhe vendosini në një enë pjekjeje në të cilën përshtaten mjaft fort. Mbushni ramekins deri në 1/4-inç të sipërm me bazën flan. Hidhni ujë shumë të nxehtë të rubinetit në enën e pjekjes për të ardhur deri në gjysmë të anëve të ramekins.
d) Piqni flakën. Enën e pjekjes me ramekinat e mbushura e vendosim në furrë për 40 minuta, ose derisa tapat të jenë vendosur dhe thjesht të forta. Hiqeni enën e pjekjes nga furra dhe ramekinët nga ena.

e) Lërini flapat të ftohen, më pas mbulojini me mbështjellës plastik dhe vendosini në frigorifer derisa të ftohen. Shërbejeni secilën rrathë të mbushur me 1 lugë çaji nektar agave.

KUSHTET

82. Salcë e cilantro

Rendimenti: 3 gota

Përbërës
- 2 mediume Qepë(a), të prera në katërta
- 5 Pranga me hudhër
- 1 piper zile jeshile,
- Bërthamat, farat, të prera në kubikë
- 12 Specat cachucha
- Me kërcell dhe me farë ose
- 3 lugë gjelle Piper i kuq i prerë në kubikë
- 1 tufë Cilantro
- Larë dhe rrjedh
- 5 C i l a ntro largohet
- 1 lugë çaji Rigoni i tharë
- 1 filxhan Vaj ulliri ekstra i virgjer
- ½ filxhan Uthull vere e kuqe
- Kripë dhe piper

Drejtimet
a) Bëni pure qepët, hudhrat, specat, cilantro dhe rigon në një përpunues ushqimi. Shtoni vajin e ullirit, uthullën, kripën dhe piperin dhe lërini pure derisa të jetë homogjene.
b) Korrigjoni erëzat, duke shtuar më shumë kripë ose uthull për shije.
c) Transferoni salcën në kavanoza qelqi të pastër. Në frigorifer, do të ruhet për disa javë.

83. **Pluhur adobo meksikan**

Rendimenti: 1 filxhan

Përbërës
- 6 lugë gjelle Kripë Kosher
- 2 lugë gjelle piper i bardhë
- 2 lugë gjelle Farat e qimnonit
- 2 lugë gjelle Hudhra pluhur

Drejtimet
a) Kombinoni kripën, kokrrat e piperit dhe farat e qimnonit në një tigan të thatë dhe gatuajeni mbi nxehtësinë mesatare derisa erëzat të jenë të thekura lehtë dhe aromatik, rreth 3 minuta. Transferoni përzierjen në një tas që të ftohet.
b) Kombinoni përzierjen e erëzave të pjekura dhe pluhurin e hudhrës në një mulli erëzash dhe bluajeni në një pluhur të imët.
c) Ruani në një enë hermetike; do të ruhet për disa muaj.

84. Sofrito jeshile meksikane

Rendimenti: 1 filxhan

Përbërës
- 2 lugë gjelle vaj ulliri
- 1 i vogël Qepë(at)
- I grirë hollë (1/2 filxhan)
- 1 tufë Qepë, të prera
- I grirë imët
- 4 Kthetrat e hudhrës, të grira
- 1 Piper zile jeshile
- Bërthama, me fara
- I grirë imët
- ¼ filxhan Cilantro, i copëtuar
- 4 Culentro largohet
- copëtuar imët (sipas zgjedhjes)
- ½ lugë çaji Kripë ose për shije
- Piper i zi për shije

Drejtimet
a) Ngrohni vajin e ullirit në një tigan që nuk ngjit. Shtoni qepët, qepët, hudhrat dhe piperin.
b) Gatuani në zjarr mesatar derisa të jetë e butë dhe e tejdukshme, por jo kafe, rreth 5 minuta, duke e përzier me një lugë druri.
c) Përzieni cilantro, majdanoz, kripë dhe piper. gatuajeni përzierjen për një ose dy minuta më gjatë. Korrigjoni erëzat, shtoni kripë dhe piper sipas shijes.
d) Transferoni në një kavanoz qelqi të pastër. Në frigorifer, do të ruhet deri në 1 javë.

85. Fërkim derri i stilit meksikan

Rendimenti: 1 porcion

Përbërës
- 2 lugë gjelle qimnon; terren
- 2 lugë gjelle Hudhra; i grirë
- 2 lugë gjelle Cilantro; të freskëta, të copëtuara ashpër
- 2 lugë gjelle piper i zi; i sapokrisur
- 2 lugë gjelle Kripë
- 2 lugë gjelle uthull të bardhë
- 2 lugë gjelle mustardë e verdhë
- 2 lugë gjelle piper jalapeno; i grirë
- 2 lugë gjelle vaj ulliri

Drejtimet
a) I bashkojmë të gjithë përbërësit dhe i përziejmë mirë. Përdoreni brenda dy ditëve nga përgatitja.
b) Fërkoni prapanicën e derrit me përzierjen e erëzave dhe pini duhan për $1\frac{1}{2}$ orë për kile në 240-250F.

86. Dip perimesh

Rendimenti: 12 porcione

Përbërës
- 1 filxhan Majonezë
- 1 filxhan salcë kosi
- ¼ lugë çaji Hudhra pluhur
- 1 lugë çaji Thekon majdanoz
- 1 lugë çaji Kripë me erëza
- 1½ lugë çaji Fara e koprës

Drejtimet
a) Përziejini të gjithë përbërësit dhe ftoheni. Dita e bërë më së miri përpara.
b) Shërbejeni me perime të gjalla: selino, karrota, tranguj, speca zile, lulelakër, etj.

87. Vallarta dip

Rendimenti: 16 porcione

Përbërës
- 6 ½ ons Tun i konservuar - i kulluar
- 1 Qepë e gjelbër -- e prerë në feta
- 3 lugë gjelle Salsa e nxehtë e kilit
- 4 lugë gjelle Majonezë
- 8 Degëza cilantro, ose për shije
- Lëng limoni ose gëlqereje
- Kripë për shije
- Patate të skuqura Tortilla

Drejtimet
a) Në një tas përzieni tonin, qepën, salsën, majonezën dhe cilantron. Sezoni sipas shijes me lëng limoni dhe kripë; rregulloni erëzat e tjera sipas shijes. Shërbejeni me patate të skuqura.
b) Prisni qepën e gjelbër në gjatësi 1 inç dhe vendoseni në procesor të pajisur me teh çeliku. Shtoni degëzat e cilantros dhe përpunoni për 3 deri në 5 sekonda. Shtoni ton, salsa, majonezë, lëng limoni dhe kripë; pulsoni disa herë për ta kombinuar.
c) Shijoni, rregulloni erëzat dhe pulsoni një ose dy herë më shumë.
d) Hiqeni nga frigoriferi rreth 30 minuta para se ta shërbeni.

88. Erëza tako

Bën 1/3 filxhan

Përbërësit

- Lëkurë e thatë nga 1 lime (opsionale)
- 2 lugë spec djegës pluhur
- 1 lugë qimnon i bluar
- 2 lugë çaji kripë deti të bluar imët
- 2 lugë çaji koriandër të bluar
- 1 lugë çaji paprika
- 1/2 lugë çaji piper i sapo bluar
- 1/8 lugë çaji piper kajen (opsionale)

Drejtimet

a) Ky është një hap opsional, por i shijshëm, kështu që unë e rekomandoj atë - lëreni 1 lime. Vendoseni lëkurën ose në një enë të vogël në një dritare me diell, thajeni në një dehidratues ose në një furrë të ngrohur në 175°F për rreth 10-15 minuta derisa të largohet e gjithë lagështia.

b) Hidhini të gjithë përbërësit në një tas derisa të përzihen mirë.

c) Ruani në një vend të freskët dhe të errët në një enë qelqi hermetike.

89. Salsa e freskët me domate me misër

BËN RRETH 2/31 filxhanë

Përbërësit
- Paketa 6,10 ons misër të ngrirë ose
- 4 kallinj misri të freskët, të prerë nga kalli
- 1 domate e madhe e pjekur, e prerë në kubikë
- 1/2 qepë e kuqe mesatare, e prerë në kubikë të vegjël
- 1 piper jalapeño, i prerë dhe i prerë në kubikë
- 3 lugë gjelle uthull balsamike
- 2 lugë borzilok të freskët të grirë
- 2 lugë gjelle cilantro të freskët të copëtuar
- kripë deti për shije

Drejtimet
a) Kombinoni gjithçka në një tas të madh dhe përzieni mirë.
b) Lëreni të qëndrojë për 1 orë në temperaturën e dhomës ose në frigorifer që shijet të martohen.

90. Fasule e bardhë Guacamole

Bën rreth 3 gota

Përbërësit
- 2 gota të paketuara lehtë, avokado e pjekur afërsisht e prerë/e prerë në feta
- 1 filxhan fasule të bardha 1/2 lugë çaji kripë deti
- 2-21/2 lugë lëng limoni
- Ujë, të hollohet sipas dëshirës

Drejtimet
a) Vendosni avokadon, fasulet e bardha, kripën e detit, lëngun e limonit dhe ujin në një përpunues ushqimi ose blender dhe përziejini derisa të jenë të lëmuara.
b) Spërkateni sipas shijes me kripë shtesë dhe/ose lëng limoni.

PIJE

91. Smoothie me kaktus me pak kalori

1-2 porcione

Përbërësit
- 1/2 filxhan copa kaktusi të pastruara dhe të prera në kubikë
- 1 filxhan lëng portokalli, lëng shege ose një grusht të vogël lëng akulli

Drejtimet
a) Shpëlajini pjesët e kaktusit tërësisht nën ujë të ftohtë të rrjedhshëm dhe vendosini ato dhe lëngun dhe akullin në një blender.
b) Përziejini derisa të lëngëzohen plotësisht, 1-2 minuta.

92. Atole

4 porcione

Përbërësit
- 1/2 filxhan miell
- 1/4 lugë çaji kanellë të bluar
- 1/8 lugë çaji kripë
- 5 gota qumësht pa yndyrë ose ujë
- 4 lugë gjelle nektar agave
- 1 lugë çaji ekstrakt vanilje

Drejtimet
a) Hidhni miellin në një tenxhere të madhe me kanellën dhe kripën.
b) Ngadalë përzieni qumështin ose ujin derisa mielli të tretet plotësisht.
c) Shtoni nektarin e agave dhe vaniljen, lëreni të ziejë dhe ziejini në zjarr të ngadaltë për 5 minuta, duke e përzier vazhdimisht që të mos grumbullohet dhe të mos ngjitet në fund të tenxheres.

93. Champurrado

4 porcione

Përbërësit
- Atole
- 2 ons çokollatë me përmbajtje 70% kakao

Drejtimet
a) Shtoni çokollatën në Atole pasi të ketë zier për 4 minuta.
b) Gatuani edhe 1 minutë, duke e trazuar derisa të shkrihet çokollata.

94. Aguas Frescas

4 porcione

Përbërësit
- 2 gota fruta të freskëta
- 1-2 lugë lëng gëlqereje të freskët të shtrydhur 2 gota ujë
- 2-4 lugë nektar agave ose një zëvendësues sheqeri 1 filxhan akull të grimcuar

Drejtimet
a) Pureni frutat, lëngun e limonit, ujin dhe nektarin e agave në një blender.
b) Kullojeni në një tenxhere dhe shtoni akullin.

95. Horchata de Melón

Rreth 4 racione dymbëdhjetë ons

Përbërësit
- 2 lugë lëng gëlqereje të freskët të shtrydhur (opsionale)
- 1 pjepër e pjekur, afërsisht 2 paund, që jep rreth 1 kile fruta dhe fara të pastra, 2-1/2 filxhanë
- 2-1/2 gota ujë
- 2 lugë gjelle nektar agave ose zëvendësues sheqeri (opsionale)
- 1/2 lugë çaji ekstrakt vanilje

Drejtimet
a) Lëngun e limonit, nëse e përdorni, vendosni 1 filxhan ujë, frutat dhe farat në blender dhe bëni pure. Shtoni pjesën tjetër të ujit, ëmbëlsuesin, nëse përdorni, dhe vaniljen dhe përziejini që të përzihen mirë.
b) Kullojeni Horchatën në një tenxhere dhe ftohni ose shërbejeni mbi akull.

96. Sangrita

Rreth 3 gota

Përbërësit
- 2 djegës ancho të përmasave mesatare, të thekura dhe të rihidratuara
- 2-1/2 gota lëng portokalli të freskët
- 3-1/2 lugë grenadinë
- 1 lugë çaji kripë

Drejtimet
a) Të gjithë përbërësit i vendosim në blender dhe i bëjmë pure.
b) Kullojeni dhe ftohni përzierjen përpara se ta shërbeni.

97. Vezë kokosi

Rendimenti: 1 porcione

Përbërës
- 13/16-kuart Rum i lehtë meksikan
- Qëroni nga 2 lime; (i vlerësuar)
- 6 Të verdhat e vezëve
- 1 kanaçe Qumësht i ëmbël i kondensuar
- 2 kanaçe qumësht (i madh) i avulluar
- 2 kanaçe Krem kokosi; (si Coco Lopez)
- 6 ons Xhin

Drejtimet
a) Gjysmën e rumit me lëvozhgën e gëlqeres e përzieni në blender me shpejtësi të lartë për 2 minuta.
b) Kullojeni dhe vendoseni në një tas të madh. Shtoni pjesën tjetër të rumit.
c) Në blender, përzieni të verdhat e vezëve, të dy qumështin dhe xhinin derisa të përzihen mirë.
d) Hidhni ¾ e kësaj përzierjeje në një tas me rum. E përziejmë pjesën tjetër me kremin e kokosit dhe e përziejmë mirë. shtoni në përzierjen e rumit, përzieni mirë dhe vendoseni në frigorifer.

98.   <u>Vetë vezë meksikane</u>

Rendimenti: 16 porcione

Përbërës
- 2 gota ujë
- 8 shkopinj kanelle
- 6 te verdha veze te medha
- 3 (12 oz.) kanaçe të avulluara
- 1 filxhan qumësht
- 2 Kuti qumështi të kokosit
- 3 (14 oz.) kanaçe të ëmbëlsuara
- 1 filxhan qumësht i kondensuar
- 3 filxhanë rum të bardhë

Drejtimet
a) Në një tenxhere prej 2 litrash, ngrohni ujin dhe shkopinjtë e kanellës për të zier mbi nxehtësinë e lartë. Ulni nxehtësinë në mesatare dhe gatuajeni derisa lëngu të zvogëlohet në një filxhan. Hiqni shkopinjtë e kanellës dhe lëreni mënjanë lëngun që të ftohet në temperaturën e dhomës.
b) Në një tenxhere 3-litërshe me një rrahëse teli, rrahim të verdhat e vezëve dhe qumështin e avulluar derisa të përzihen mirë.
c) Gatuani në zjarr të ulët, duke e përzier vazhdimisht derisa përzierja të trashet dhe të lyhet me një lugë - rreth 10 minuta.
d) Le menjane.
e) Kur lëngu me aromë kanelle të jetë ftohur, përzieni qumështin e kokosit derisa të përzihet mirë.
f) Në tasin për servirje, kombinoni përzierjen e kokosit, përzierjen e të verdhës së verdhë, qumështin e

kondensuar të ëmbël dhe rumin. Ftoheni mirë dhe shërbejeni.
g)

99. Mojito meksikane

Rendimenti: 2 gota

Përbërës
- 6 Specat aji dulce ose
- 1½ lugë gjelle Piper zile i kuq, i prerë në kubikë
- ½ Piper zile jeshile, i prerë në kubikë
- 5 Pranga me hudhër
- E prerë korse
- 2 Shalots, të prera trashë
- 1 Domate
- Të qëruara dhe të mbjella me fara
- 1½ lugë gjelle Kaperi, i kulluar
- 1½ lugë çaji Rigoni i tharë
- ½ filxhan Cilantro gjethet
- Larë dhe rrjedh
- ¼ filxhan paste domate
- 2 lugë gjelle Vaj ulliri ekstra i virgjer
- 1 lugë gjelle lëng gëlqereje
- Kripë dhe piper për shije

Drejtimet
a) Tradicionalisht shërbehet si salcë zhytjeje për patate të skuqura delli dhe delli të skuqur pure. Është gjithashtu e shkëlqyeshme për të zhytur patatet e skuqura tortilla dhe bën një salcë të mirë kokteji për karkaleca dhe ushqime të tjera deti.
b) Kombinoni specat, hudhrën, qepujt, domatet, kaperin, rigonin dhe cilantron në një përpunues ushqimi dhe bluajini në një pure të butë. Punoni në pastën e domates, vajin e ullirit, lëngun e limonit dhe kripën dhe piperin.

c) Transferoni në një kavanoz të pastër me një kapak jo reaktiv. Në frigorifer, ruhet për 1 javë.

100. Kapuçino me rum meksikan

Rendimenti: 1 porcione

Përbërës
- 1½ ons rum i errët
- 1 lugë çaji Sheqer
- Kafe e fortë e nxehtë
- Qumesht i avulluar
- Shllak embelsire
- Kanellë terren

Drejtimet
a) Kombinoni rumin dhe sheqerin në një filxhan.
b) Shtoni pjesë të barabarta kafe dhe qumësht.
c) Spërkateni me krem dhe kanellë.

PËRFUNDIM

Teksa i afrohemi fundit të udhëtimit tonë të kuzhinës përmes kuzhinës Tex-Mex, shpresojmë që "Tex-Mex i rënduar: Një udhëtim kulinar përmes shijeve jugperëndimore" të ketë ndezur një pasion për këtë stil të gjallë dhe të shijshëm gatimi. Përgjatë këtij libri gatimi, ne kemi ndarë dashurinë tonë për shijet e guximshme dhe pikante që përcaktojnë Tex-Mex dhe shpresojmë që të keni shijuar eksplorimin e gamës së larmishme të recetave dhe teknikave të paraqitura. Kuzhina Tex-Mex nuk ka të bëjë vetëm me ushqimin; është një festë e kulturës, historisë dhe shpirtit të gjallë të Jugperëndimit Amerikan. Duke përqafuar ndërthurjen e traditave të kuzhinës Teksanike dhe Meksikane, ne kemi krijuar një sixhade kulinare unike dhe të parezistueshme që ka mahnitur shijet në mbarë botën. Shpresojmë që ky libër gatimi t'ju ketë lejuar të përjetoni trashëgiminë e pasur kulturore dhe shijet e kësaj kuzhine të jashtëzakonshme.

Ne ju inkurajojmë të vazhdoni të eksperimentoni me recetat Tex-Mex, duke përdorur njohuritë dhe aftësitë e fituara nga ky libër gatimi si bazë. Mos kini frikë të shtoni prekjet tuaja personale dhe të eksploroni shije dhe përbërës të rinj. Kuzhina Tex-Mex është e gjithanshme dhe mirëpret kreativitetin dhe individualitetin.

Mos harroni të përqafoni natyrën e përbashkët të ngrënies Tex-Mex, pasi shijohet më së miri me familjen dhe miqtë. Mblidhuni rreth një tavoline të mbushur me fajita gërvishtëse, salsa pikante dhe patate të skuqura tortilla dhe shijoni gëzimin e vakteve të përbashkëta dhe shoqërisë së mirë. Lërini aromat dhe shijet t'ju transportojnë në peizazhet e mbushura me diell të Teksasit dhe Meksikës dhe krijoni kujtime të qëndrueshme me çdo kafshatë.

Shpresojmë që "Tex-Meks cëcëritës" t'ju ketë frymëzuar për të nisur aventurat tuaja të kuzhinës dhe se ju ka fuqizuar të rikrijoni me besim pjatat e guximshme dhe të parezistueshme që e bëjnë kuzhinën Tex-Mex kaq të dashur. Faleminderit që u bashkuat me ne në këtë udhëtim dhe përpjekjet tuaja të ardhshme të kuzhinës qofshin të mbushura me kënaqësitë e zjarrta dhe të shijshme të kuzhinës Tex-Mex. ¡Buen provecho!

Ingram Content Group UK Ltd.
Milton Keynes UK
UKHW020623210623
423802UK00010B/127